VOYAGE A PHILADELPHIE

FOLIE-VAUDEVILLE

Représentée pour la première fois, à Paris, sur le théâtre de l'AMBIGU-COMIQUE
le 31 juillet 1876.

IMPRIMERIE GÉNÉRALE DE CHATILLON-SUR-SEINE. JEANNE ROBERT.

VOYAGE

A

PHILADELPHIE

FOLIE-VAUDEVILLE

EN QUATRE ACTES ET SIX TABLEAUX

PAR

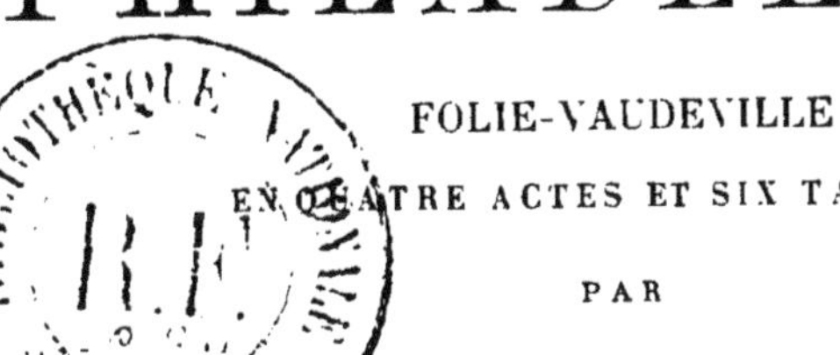

E. GRANGÉ, V. BERNARD ET H. BUGUET

MISE EN SCÈNE DE M. H. DUVAL.

PARIS

CALMANN LÉVY, ÉDITEUR

ANCIENNE MAISON MICHEL LÉVY FRÈRES

RUE AUBER, 3, ET BOULEVARD DES ITALIENS, 15

A LA LIBRAIRIE NOUVELLE

1876

PERSONNAGES

CARAMBA	MM.	LEGRENAY.
ROBINSON, hôtelier		TONY SEIGLET.
PIBROK, détective		PÉRIGAUD.
CABILLOT		EMILE PETIT.
VANDER-PAFF, Belge		DORGAT.
PUPAZZI, Italien		BOÉJAT.
BOURA-KHAN, Persan		CHEVALIER.
LE DÉLÉGUÉ, LE RÉGISSEUR		ROMAIN.
UN GARÇON BLANC		LÉO.
UN GARÇON NÈGRE		NADRY.
UN MARCHAND DE GATEAUX, UN GARÇON		CHARLES.
PAQUITA, femme de Caramba	Mmes	CÉCILE BERNIER.
MISS CROKETT		RHOEN.
GEORGINA		J. SAIGNARD.
CÉSARINE		ANNA MAY.
OLYMPE		DÉBORAH.
VIRGINIE		JOUFFROY.
ROSETTE		LOUISE ROSE.
UN MARCHAND DE JOURNAUX		BOÉJAT.

AMÉRICAINS, ETRANGERS, POLICEMEN, GARÇONS D'HOTEL, ETC.

VOYAGE A PHILADELPHIE

ACTE PREMIER

Premier Tableau

A Philadelphie. — Un quai. — A droite, l'entrée d'un bar-room. — A gauche, un trink-hall.

SCÈNE PREMIÈRE

PUPAZZI, BOURA-KHAN, assis à une table à la porte de la taverne de droite AMÉRICAINS et ÉTRANGERS des deux sexes. UN MARCHAND DE GATEAUX, UN MARCHAND DE JOURNAUX, puis VANDER-PAFF.

LE MARCHAND DE JOURNAUX, criant.

Le *New-York Hérald!* Le *New-York Times* !Le *Courrier des États-Unis!*

LE MARCHAND DE GATEAUX, à la porte du trink-hall.

Sandwiches et puddings !... Voyez, régalez-vous !

LE MARCHAND DE JOURNAUX.

Le *Guide du visiteur à l'Exposition de Philadelphie* avec l'itinéraire exact et la traduction dans toutes les langues !

Quelques promeneurs achètent des journaux, d'autres consomment des gâteaux, enfin d'autres entrent au bar-room.

PUPAZZI.

A votre santé, signor Boura-Khan !

BOURA-KHAN.

A la vôtre, signor Pupazzi !

PUPAZZI.

Et à la bonne fraternité di la Perse et di l'Italie !

BOURA-KHAN.

De tout mon cœur. (Levant son verre.) A l'Italie et à la Perse!

VANDER-PAFF, qui vient d'entrer en fumant une longue pipe en porcelaine.

Sans oublier la Belgique, mein herr!

PUPAZZI.

Et c'est monsir Vander-Paff, le riche armator d'Anvers.

BOURA-KHAN.

Eh! notre voisin de chambre à l'hôtel.

VANDER-PAFF.

Oui, oui... Philadelphie est le rendez-vous de toutes les nations, savez-vous ?

PUPAZZI.

Oune exposition, c'est la fousion des peuples. (A Vander-Paff.) Voulez-vi accetter oun verré di porter ?

VANDER-PAFF.

Volontiers, (S'asseyant.) quoique le porter ne vaille pas le faro de Bruxelles, sais-tu?

BOURA-KHAN.

Amour-propre national !

PUPAZZI, versant à Vander-Paff un verre de porter.

Est-ce que vi venez dé l'exposition ?

VANDER-PAFF.

Non, je viens de faire un tour sur la grande place... pour voir passer les petites misses américaines.

PUPAZZI.

Ah ! ah! vi êtes amator ?

VANDER-PAFF.

Très-fort amateur... de celles qui sont jolies.

Ils se lèvent.

BOURA-KHAN.

Et vous voudriez faire connaissance avec l'une d'elles ?

VANDER-PAFF.

Une... ou plusieurs... Je ne vous cache pas que c'est le but de mon voyage, savez-vous?

PUPAZZI.

Pourtant les Flamandes sont étoffées.

VANDER-PAFF.

Oui, mais je suis marié, pour une fois, sais-tu? Et là-bas, ma femme me gêne... aussi, j'ai pris un petit congé de ménage.

PUPAZZI.

Capisco !... c'est oun voyage d'agrément.

BOURA-KHAN.

C'est comme moi... je suis venu uniquement pour m'amuser.

VANDER-PAFF.

Mais vous autres Persans, vous avez des harems?

BOURA-KHAN.

Bah ! les harems... c'est monotone... J'ai voulu changer un peu.

PUPAZZI.

Bravo !... Nous nous entendrons à merveille. (Retournant à la table et versant.) Allons, carissimi, oun dernier verre à nos foutoures conquêtes.

BOURA-KHAN et VANDER-PAFF.

A nos conquêtes ! *Ils boivent.*

PUPAZZI.

Allons explorer les environs.

VANDER-PAFF, se levant.

All right !... comme disent les Américains.

LES DEUX AUTRES.

Partons !

VANDER-PAFF.

Air : *De la Périchole.*

Pour chasser la brune et la blonde,
Décampons, messieurs, vivement!

PUPAZZI.

Dans l'ancien ou le nouveau monde,
C'est un gibier vraiment charmant!

ENSEMBLE.

Les femmes! (*Bis*) il n'y a qu'ça!
Tant que la terre tournera,
Tant que le monde existera,
Il n'y aura qu'ça!

Ils s'éloignent d'un côté, pendant que de l'autre on voit entrer Pibrok, par le deuxième plan à droite.

SCÈNE II

PIBROK, LE MARCHAND DE JOURNAUX.

LE MARCHAND, s'approchant de Pibrok.

Demandez les journaux! Le *Guide de l'Exposition!*

PIBROK.

Eh non !... Veux-tu pas beugler ainsi, méchant gamin.

LE MARCHAND DE JOURNAUX, le reconnaissant.

Tiens! Pibrock!

PIBROK.

Bob! un ancien camarade! T'es donc toujours dans les oiseaux de la rue ?...

LE MARCHAND DE JOURNAUX.

Et toi ? (Remarquant une grosse chaîne de montre et des breloques qui s'étalent sur le gilet de Pibrok) By god! quel luxe! comme te voilà ficelé ! Tu as donc fait fortune ?

PIBROK.

Fortune ? pas encore... mais j'ai idée que ça ne tardera pas.

LE MARCHAND DE JOURNAUX.

Et sans être trop curieux, qu'est-ce que tu fais maintenant?

PIBROK.

Je suis détective.

LE MARCHAND DE JOURNAUX.

Policeman en bourgeois !

PIBROK.

Quand je dis détective, je ne suis encore que surnuméraire... Mais on m'a promis ma nomination officielle, dès que j'aurai fait un grand coup. Voilà pourquoi, de Parisien que j'étais, je me suis naturalisé citoyen de la libre Amérique.

LE MARCHAND DE JOURNAUX, riant.

Toi, un grand coup!... D'ici là il tombera pas mal de gouttes d'eau dans le Niagara.

PIBROK.

Faudra voir... J'ai un flair!

LE MARCHAND DE JOURNAUX.

Et cette chaîne de montre, ces breloques?

PIBROK.

Ça?... c'est un truc... histoire d'amorcer messieurs les picks-pockets!

LE MARCHAND DE JOURNAUX.

Bah !

PIBROK.

Vois-tu, pour réussir. faut être spécialiste... et j'ai choisi la spécialité de pincer cette classe d'industriels... J'étale sur mon gilet ces breloques... en similor... je laisse passer hors de mes poches ces deux portefeuilles bourrés... de vieux papiers... le morceau de lard de la souricière.

LE MARCHAND DE JOURNAUX.

Compris!... ils essaient de te chiper ta bijouterie et ton cuir de Russie...

Il enlève un des portefeuilles sans être vu de Pibrok.

PIBROK, *achevant sa phrase.*

Et je les cueille avec amour... J'ai un flair...

LE MARCHAND DE JOURNAUX, *ironiquement.*

Eh ! ben, la besogne ne te manquera pas.

PIBROK.

Oui, les fouilleurs de poche vont abonder ici pour la great exhibition, mais tout ça c'est du fretin ; je guigne mieux que ça.

BOB.

Quoi donc ?

PIBROK.

Un célèbre filou parisien qu'on m'a signalé comme devant débarquer ici d'un jour à l'autre... un chef de bande... un prince de la haute pègre... et je compte sur cette capture pour mon avancement.

BOB.

Bonne chance !

PIBROK.

Oh ! je suis sûr de le pincer !... J'ai un flair...

BOB.

A propos, reprends ton portefeuille.

PIBROK, *lui tirant l'oreille et lui allongeant un coup de pied.*

Ah bah ! nous faisons des farces à Bibi !

Le marchand de journaux s'éloigne par la porte de droite, Pibrok va s'asseoir à la porte du bar-room.

SCÈNE III

PIBROK, MISS CROKETT, puis CARAMBA.

MISS CROKETT, *entrant en sautillant par la gauche. Elle a une ombrelle ouverte à la main. A part. Accent anglais.*

Un homme me suit !... un grand et beau gaillard !... il voulait flirter, c'est positif... Quelle chance !... ça ne était jamais arrivé à moà !... Aussi, je avais fait le coquette... je avais pressé le pas... pour piquer lui au jeu...

PIBROK, l'observant à part.

Qu'est-ce qu'elle a donc à frétiller, la vieille ?

MISS CROKETT, regardant du coin de l'œil dans la coulisse et à part.

Le voici, il venait de ce côté. (Elle se cache la figure avec son ombrelle.) O bonheur !

CARAMBA, entrant précipitamment par la gauche.

Où est-elle ?... Ah ! la voilà !...

Il court à miss Crokett qui fait encore semblant de fuir.

PIBROK, à part.

Il fait la chasse aux rossignols !

CARAMBA, saisissant miss Crokett par le bras.

Oh ! vous ne m'échapperez pas !

MISS CROKETT, à part.

Un peu brusque !... mais c'était de la passion !

CARAMBA, la faisant retourner violemment.

Une vieille ! Quelle horreur !

MISS CROKETT, offusquée.

Aôh !

CARAMBA.

Je me trompais ! ce n'est pas elle !

MISS CROKETT.

Elle !... Qui ça ?

CARAMBA.

Paquita... ma femme... qui s'est enfuie et que je cherche.

MISS CROKETT.

Vous êtes marié ?

CARAMBA.

Pour mon malheur !

PIBROK, à part, en souriant.

Ah ! bon ! encore un !

Il se lève et passe à la gauche de Caramba.

CARAMBA.

Je suis Mexicain... chasseur de buffles... J'étais parti avec ma femme pour l'exposition de Philadelphie, où j'apportais une magnifique collection de cornes.

PIBROK.

Je m'en rapporte à vous.

CARAMBA, continuant sans l'écouter.

Dans le même wagon que nous, juste en face de Paquita, se trouvait un Anglais, très-joli garçon... avec qui je la surpris bientôt échangeant des regards incandescents.

MISS CROKETT, à part.

Ah ! je comprenais ça !

PIBROK, à part.

Il m'amuse, le chasseur de buffles !

CARAMBA.

J'eus même avec elle, à ce sujet, une explication assez vive. A l'avant-dernière station, ma femme m'envoie...

PIBROK.

Au diable ?

CARAMBA.

Non, au buffet... prétendant qu'elle avait faim... J'y cours et je lui rapporte six brioches.

PIBROK, à lui-même.

Quel tube digestif !

CARAMBA.

Les six brioches avalées, elle prétend qu'elle a soif, qu'elle étouffe...

MISS CROKETT.

Il y avait de quoi !

CARAMBA.

Je retourne au buffet pour chercher un verre de pale-ale... Mais pendant ce temps... pchit ! pchit ! le train part !

MISS CROKETT, à part.

Ce était bien fait !

CARAMBA.

Comprenez-vous ma colère ?... obligé d'attendre un autre train !... Enfin, deux heures après, j'arrivé à la gare de Philadelphie... je cherche de tous les côtés, Paquita n'y était pas...

PIBROK, à part.

Parbleu !

CARAMBA.

Ma femme et ce voyageur étaient de connivence ! Ils ont profité de mon absence pour fuir ensemble !...

MISS CROKETT.

Pauvre homme !... Je plaignais vous !... mais il restait à vous une ressource...

CARAMBA.

Une ressource !... Laquelle ?

MISS CROKETT.

Le divorce !

CARAMBA.

Le divorce ?

MISS CROKETT, minaudant.

Si votre femme était infidèle, il y en a d'autres qui seraient heureuses... oh ! mais bien heureuses de offrir à vous des consolations.

CARAMBA.

Eh ! que m'importent les autres !... Malgré ses coquetteries, j'adore Paquita... et je n'entends pas divorcer...

MISS CROKETT.

Ce était un faiblesse !... vous avez tort !

CARAMBA, brusquement.

Vous m'ennuyez !... De quoi vous mêlez-vous ?

Il passe à gauche, Pibrok remonte en riant.

MISS CROKETT, à part.

Est-il malhonnête !

CARAMBA.

Vous me retenez là !... vous me faites raconter mon histoire...

MISS CRORETT.

Moâ ?... je ne parlais pas à vous... Ce était vous qui avez suivi moâ.

CARAMBA.

Parce que de loin, je vous avais prise pour ma femme... Où avais-je les yeux?... Vous prendre pour une jolie femme! quelle absurdité !...

MISS CROKETT, furieuse.

Vous êtes un malotru!

CARAMBA.

Et vous une vieille sorcière!...

MISS CROKETT, le frappant de son ombrelle.

Une sorcière!

PIBROK, s'approchant vivement.

Eh! là, là, doucement!... calmez-vous!

CARAMBA.

Oui, vous avez raison... je ferais mieux de continuer mes recherches...

PIBROK.

Dites donc, l'homme aux buffles, voulez-vous que je vous aide à la retrouver?

CARAMBA.

Vous?

PIBROK.

Moyennant récompense honnête... c'est mon métier, je suis détective. Donnez-moi seulement le signalement de la fugitive.

CARAMBA.

Soit!... vingt ans...

PIBROK.

Visage?

CARAMBA.

Ovale.

PIBROK.

Cheveux?

CARAMBA.

Noirs; yeux idem, bouche...

PIBROK.

Idem?

CARAMBA.

Comment idem!... Bouche noire?... Qu'est-ce que vous me chantez?... Bouche petite, rosée, purpurine...

PIBROK.

Et répondant au nom de Paquita...

CARAMBA.

Femme Caramba.

PIBROK.

C'est bien, soyez tranquille!.. Je vous la retrouverai!... J'ai un flair!

CARAMBA.

Quant à moi, je vais fouiller la ville, les hôtels... et si je rencontre le gredin qui me l'a enlevée... (Montrant un revolver.) je lui flanque dix-huit balles dans le corps.

MISS CROKETT, à part.

Quel sauvage!

CARAMBA.

Dix-huit!... pas une de moins!

Air : *Le luth galant.*

Cent fois malheur à ce couple éhonté!
Malheur à ceux qui l'auront abrité!
Ma fureur et mes droits seront mes seuls arbitres!
En chasseur de taureaux,
Je traite ces bélitres,
Et sans rien écouter, tout en brisant les vitres,
Je leur brise les os!

Il sort précipitamment par la droite.

MISS CROKETT.

Bioutor, va!... Et moi qui m'imaginais avoir trouvé un époux!... Encore une déception!...

PIBROK, à part.

Paraît qu'elle fait la chasse aux maris!

MISS CROKETT, à elle-même.

C'est égal, je ne décourageais pas moâ....

Grand tumulte au dehors. Voix nombreuses criant : Par ici! par ici!

PIBROK.

Qu'est-ce donc?

MISS CROKETT.

Pourquoi tout ce monde?

Elle gagne l'extrême droite.

SCÈNE IV

PIBROK, MISS CROKETT, VANDER-PAFF, PUPAZZI, BOURA-KHAN, UN DÉLEGUÉ, LE MARCHAND DE JOURNAUX, FOULE DES DEUX SEXES.

CHŒUR

Air : *De Fleur-de-Thé.*

C'est bien un bateau qu'on signale,
Il aborde en ce moment !
L'impatience est générale
Pour voir le débarquement !

LE DÉLÉGUÉ, fendant la foule.

Rangez-vous, messieurs et mesdames, rangez-vous! Place à la délégation des ouvriers de Paris!

TOUS.

Les ouvriers de Paris !

LE DÉLÉGUÉ.

Dont l'arrivée nous a été annoncée pour aujourd'hui même.

PIBROK, à part.

Une cargaison de Parisiens !... Ouvrons l'œil !...

LE DÉLÉGUÉ.

Délégué par le Traveller's society (Illimited), je viens souhaiter la bienvenue à nos frères du continent, et les inviter au grand banquet international.

BOURA-KHAN, bas à Pupazzi et à Vander-Paff.

Du veau...

PUPAZZI, bas.

De la salade....

VANDER-PAFF, de même.

Et des toasts politiques!... Merci !

Coup de cloche en dehors.

LE DÉLÉGUÉ.

Et tenez, voici le signal du débarquement !

Il sort vivement.

LA FOULE.

Hurrah !

MISS CROKETT, à part.

Des Français!... des Parisiens!... on les dit très-galants... Peut-être parmi eux trouverais-je...

LE MARCHAND DE JOURNAUX, à part.

V'là l'occasion d'écouler mon stock de portraits de Washington et de Lafayette. (Criant.) Demandez Washington, Lafayette!...

SCÈNE V

Les Mêmes, GEORGINA, CÉSARINE, OLYMPE, ROSETTE et VIRGINIE.

Elles sont en costume élégant de voyage et portent des petits sacs à la main.

GEORGINA, entrant la première et suivie par les autres jeunes filles.

Venez, venez, mesdemoiselles!

CÉSARINE.

Ouf!... nous y voilà!

LES SIX JEUNES FILLES.

Air : *De Sultan-Polka.*

Gloire à la libre Amérique!
Salut au noble étendard
De cette terre classique
Du pudding et du dollar!

GEORGINA.

Plus de roulis,
De transes et de veilles !
Enfin je suis
Dans ce pays
Dont on dit des merveilles !
Pays cité,
Vanté
Pour ses auberges,
Pour ses cotons,
Pour ses mormons
Et pour ses forêts vierges !

ENSEMBLE.

Gloire à la libre Amérique !
Etc.

LE DÉLÉGUÉ, revenant par la droite.

Comment! des femmes!

GEORGINA.

Comme vous voyez, my dear.

LE DÉLÉGUÉ.

Mais on nous avait annoncé une délégation d'ouvriers.

GEORGINA.

Elle est en retard.

CÉSARINE.

En attendant, vous avez devant vous une délégation d'ouvrières!

PIBROK.

Des ouvrières!

VIRGINIE.

Première qualité.

OLYMPE.

Parisiennes pur sang, mon petit.

ROSETTE.

La fleur des ateliers.

GEORGINA.

L'élite de l'industrie française !

VIRGINIE.

Brevetée, s. g. d. g !

PIBROK, à part.

S. g. d. g !... sans garantie des gommeux.

VANDER-PAFF, aux deux autres étrangers.

Des ouvrières !... j'aime mieux ça !

PUPAZZI, de même.

Per Bacco !... moi aussi.

CÉSARINE.

La grande exposition américaine n'eût pas été complète sans nous.

GEORGINA.

La corporation des abeilles françaises pouvait-elle ne pas être réprésentée dans un pays où les femmes sont étudiants, bacheliers, avocats, médecins, docteurs en droit et même dentistes ?

VIRGINIE.

Et puis nous désirions fouler le sol où fleurit le dollar...

OLYMPE.

En y important les modes parisiennes.

CÉSARINE.

Avec la manière de s'en servir !

TOUS.

Hip ! hip ! hurrah !

LE DÉLÉGUÉ, à part.

Je vais prévenir la commission.

Il sort.

VANDER-PAFF, à ses deux compagnons.

Elles sont très-gentilles, savez-vous ?

BOURA-KHAN, de même.

Charmantes !

PUPAZZI, de même.

Bellissime ragazze !

GEORGINA, aux autres jeunes filles.

Je crois que nous faisons notre petit effet.

PIBROK, s'approchant des ouvrières.

Et vous êtes venues seules?

VIRGINIE.

Seules!... par exemple! pour qui nous prenez-vous?

CÉSARINE.

Des demoiselles bonnêtes et bien éduquées ne courent pas le monde sans un protecteur...

ROSETTE.

Ou deux.

GEORGINA.

Nous n'allons pas à l'aventure comme vos petites miss si délurées.

OLYMPE.

Nous avons un barnum.

GEORGINA.

Un éditeur responsable.

PIBROK.

Et où est-il, votre cornac?

CÉSARINE.

Il est resté sur le steam-boat pour faire visiter nos bagages par les douaniers.

GEORGINA.

Mais il va venir... vous allez le voir.

CABILLOT, en dehors.

Mais, quand je vous dis qu'il n'y a pas de contrebande!

VIRGINIE.

Et tenez, je l'entends... le voici...

SCÈNE VI

LES MÊMES, CABILLOT, portant de chaque main une grande valise, un parapluie sous le bras, des couvertures de voyage sur les épaules, etc.

CABILLOT, entrant par la droite et parlant à la cantonade.

Remisez la grande caisse!... je l'enverrai prendre. (Venant en scène.) Sont-ils assommants ces gabelous !... ils voulaient fouiller jusque dans mes poches.

PIBROK.

C'est la consigne !... les douaniers américains ne connaissent que la consigne.

CABILLOT.

Oui... je sais... je leur rends justice. (*A part.*) Je leur ai donné un dollar, et ils n'ont pas insisté... Très-pratiques, ces Yankees !

MISS CROKETT, *à part, lorgnant Cabillot.*

Physique agréable!... superbe carrure !... et puis un Français, ça ne divorce pas!

CABILLOT, *aux jeunes filles.*

Ah ! vous étiez là, mesdemoiselles ?... pourquoi m'avez vous quitté ?

Il pose ses bagages à terre.

CÉSARINE.

Ah ! dame! vous n'en finissiez pas de débarquer.

GEORGINA.

☞ Et après une traversée de douze jours nous avions hâte de fouler le plancher des... chèvres.

CABILLOT.

Oui, et de jacasser avec ces étrangers, n'est-ce pas?

GEORGINA.

On ne peut pas se refuser à l'enthousiasme des populations.

OLYMPE.

Ces messieurs nous ont questionnées, et par politesse...

VANDER-PAFF, *s'avançant et tendant la main à Cabillot.*

Soyez les bienvenus!

BOURA-KHAN, *le même.*

Très-heureux de votre arrivée.

CABILLOT, *saluant.*

Messieurs...

PUPAZZI.

Essellente idée que vi avez eue de venir à Philadelphie.

CABILLOT.

Oui, c'est une spéculation que je crois assez heureuse... J'ai voulu importer en Amérique un échantillon de l'industrie parisienne. A cet effet, j'ai engagé et trimbalé à mes frais, les jeunes ouvrières ci-présentes. (*Présentant tour à tour les jeunes filles qui font la révérence.*) Mademoiselle Césarine, l'ange de la confection, mademoiselle Olympe, une corsetière émérite, mesdemoiselles Rosette et Virginie, les fées de la ganterie et de la bottine. Enfin, mon premier sujet, mademoiselle Georgina, (*Elle salue.*) une modiste de la haute fashion... que je dois épouser dès mon retour à Paris. . .

MISS CROKETT, *à part.*

Sa fiancée!... Aoh!

GEORGINA.

Oh! m'épouser!... à la condition...

CABILLOT.

Que j'aurai fait fortune, c'est convenu.

MISS CROKETT, *à part.*

Il y a encore de l'espoir!

CABILLOT.

Mais ça ne peut pas manquer. Je compte sur l'exposition pour faire une rafle de dollars...

PIBROK, *à part, avec méfiance.*

Une rafle de dollars!

CABILLOT.

En mettant à contribution les porte-monnaie de tous les pays.

PIBROK, *à part.*

Il en veut aux porte-monnaie! Attention!

CABILLOT.

En un mot nous venons fonder ici la Ruche parisienne!

TOUS.

La Ruche parisienne?

CABILLOT.

Association qui doit encaisser de fortes recettes, grâce à l'adresse de son chef...

PIBROK, à part.

Oui, un chef de bande!

CABILLOT.

Et à l'habileté de mes ouvrières...

PIBROK, à part.

Ses complices!... Mais minute... j'ai du flair.

PUPAZZI, bas à Vander-Paff et à Boura-Khan.

Si nous leur offrions di sé rafraîchir?

BOURA-KHAN, bas.

Bonne idée!

VANDER-PAFF, bas.

J'y pensais!

PUPAZZI, s'approchant.

Pardon, signorine... vi avez sans doute besoin di prendre quelqué cose?

VANDER-PAFF.

Oui, le voyage altère, savez-vous?

BOURA-KHAN.

Permettez-nous de vous offrir...

LES JEUNES FILLES.

Quoi donc?

PUPAZZI.

Dou sampagne.

LES JEUNES FILLES.

Du champagne!

CABILLOT.

Hein? comment?

GEORGINA, à Cabillot.

Ils sont très-galants, ces étrangers...

CÉSARINE, de même.

Très-galants!

CABILLOT.

Trop galants!... Mais nous ne les connaissons pas.

BOURA-KHAN.

C'est pour faire connaissance.

PUPAZZI.

Et pour fêter vostre bienvenue!

VANDER-PAFF.

C'est l'usage de boire à la bienvenue des nouveaux débarqués.

CABILLOT.

Ah! du moment que c'est l'usage...

GEORGINA, vivement.

Nous acceptons!

LES AUTRES JEUNES FILLES.

Oui... oui, nous acceptons!

PUPAZZI.

Bravo! (Allant à la taverne et appelant.) Garçons! garçons! du sampagne!

VANDER-PAFF.

Et des verres pour toute la société!

LES GARÇONS.

Voilà! voilà!...

Ils rentrent dans la taverne.

CABILLOT, à lui-même.

Mœurs internationales!

PIBROK, à part.

Du champagne!... Ça me va!...

DEUX GARÇONS, revenant avec des bouteilles de champagne et des verres qu'ils posent sur une table.

Le champagne et les verres demandés.

Ils emplissent les verres.

VANDER-PAFF.

Buvons!

TOUS, prenant des verres.

Buvons!

PUPAZZI.

Et viva la rouche parisienne !

TOUS.

Vive la ruche parisienne !

GEORGINA.

Air : *du Chalet des Iles.*

I

Jeunes et joyeuses abeilles
De Paris...

ENSEMBLE.

De Paris...

GEORGINA.

Nous savons créer des merveilles
A tout prix !

ENSEMBLE.

A tout prix !

GEORGINA.

Ici nous venons, de la France,
En public

ENSEMBLE.

En public

GEORGINA.

Etaler la haute élégance
Et le chic.

ENSEMBLE.

Le vrai chic.

GEORGINA.

Comme les abeilles gentilles,
Toujours bourdonnant,
Toujours butinant,
Pour ail's nous avons des mantilles,
Et pour antennes, des aiguilles.
Vite, accourez,
Vite, admirez,
La fleur du quartier Vivienne !

Accourez tous,
Approchez-vous,
C'est la ruche parisienne!

REPRISE ENSEMBLE.

GEORGINA.

II

Tout en voltigeant par le monde,
Notre essaim (*Bis en chœur.*)
Sur les cœurs pratique à la ronde
Maint larcin. (*id.*)
Mais, pour celui que l'on repousse,
Pas de fiel, (*id*)
Et notre parole est plus douce
Que le miel. (*id*)
On voit nos abeilles novices,
Aimant s'amuser,
Parfois se poser,
Non sur les fleurs et leurs calices,
Mais sur des buissons... d'écrevisses.
Vite, accourez,
Vite, admirez
La fleur du quartier Vivienne!
Accourez tous,
Approchez-vous,
C'est la ruche parisienne!

REPRISE ENSEMBLE.

CABILLOT.

Maintenant il faudrait songer à nous caser.

LES JEUNES FILLES.

Ah! oui!

GEORGINA.

Il s'agit de trouver un hôtel.

LE MARCHAND DE JOURNAUX et DEUX GUIDES, *s'approchant et tendant à Cabillot leurs prospectus.*

Voilà! voilà!... Mémorial hôtel! Fairmont hôtel! Splendide hôtel!

CABILLOT, les repoussant.

Eh ! non !... et non !... flanquez-moi la paix !... Je n'ai besoin de personne ! j'ai mon guide.

Il tire un livre de sa poche et se met à le consulter. — Pendant ce temps, les guides collent sur la pomme de son parapluie, sur ses manches, sur son gilet et jusque sur les verres de son binocle, des annonces gommées.

PUPAZZI, bas aux ouvrières.

Prenez-nous pour guides, sarmantes étranzères ?

BOURA-KHAN, de même.

Nous vous conduirons à notre hôtel...

VANDER-PAFF, de même.

Une maison très-confortable.

PUPAZZI.

Oun petit paradiso !

GEORGINA.

Ah ! messieurs, que de bontés !... (Elevant la voix.) Venez-vous, monsieur Cabillot.

CABILLOT, toujours occupé à consulter son livre.

Un instant !... je cherche.

CÉSARINE, bas.

Il n'en finira pas !

OLYMPE.

Quel flâneur.

PUPAZZI et BOURA-KHAN, offrant leur bras.

Venez !...

VANDER-PAFF, de même.

Il nous rejoindra.

LES JEUNES FILLES, prenant le bras des trois étrangers.

Dépêchez-vous, Cabillot.

CABILLOT, sans lever les yeux.

Voilà ! voilà ! je suis à vous !

Les jeunes filles s'éloignent par le fond à droite avec les trois étrangers, en reprenant en sourdine le refrain de la ronde. Musique de scène jusqu'à la fin du tableau.

MISS CROKETT, à part.

Tiens !... les voilà qui partent ensemble !...

PIBROK, à part.

Ils vont se faire dévaliser !

CABILLOT.

Ah ! j'ai trouvé !... (Il ferme son livre pour le mettre dans sa poche et aperçoit les annonces collées sur ses manches.) Eh bien !... qu'est-ce que c'est ça ?... Des annonces collées sur mon gilet, sur mes manches, et jusque sur les verres demon binocle... Ah ! j'y suis !... Le puffisme américain ! sont-ils forts, ces gens-là ! sont-ils pratiques !

MISS CROKETT, s'approchant de lui et lisant une des annonces collées sur son gilet.

« Plus de stérilité ! » Aoh !

CABILLOT.

Hein ? Qu'est-ce qu'elle me veut celle-là ? (Regardant de tous côtés.) Ah ça ! et ces demoiselles ?... où sont-elles donc ?

PIBROK.

Elles viennent de partir avec les étrangers...

CABILLOT, stupéfait.

Avec ces intrus ?

MISS CROKETT, minaudant.

Beau Français, je étais riche, je étais demoiselle...

CABILLOT, brusquement.

Eh ! que m'importe ?... Allez au diable !

MISS CROKETT.

Aôh ! shoking !

Elle tombe dans les bras de Pibrok.

PIBROK.

Quoi donc ? elle se pâme !

CABILLOT, reprenant vivement ses bagages.

Ah ! je les retrouverai !

PIBROK, à part.

Je ne le perds pas de vue ! je le file !

Cabillot sort précipitamment. Rire général. Pibrok campe miss Crokett sur les bras du marchand de journaux et s'élance à la poursuite de Cabillot.

ACTE DEUXIÈME

Deuxième Tableau.

Une salle d'hôtel. Porte d'entrée au fond. De chaque côté de cette porte deux bahuts. — A droite, premier plan, la porte d'un placard. Au deuxième plan, une autre porte sur laquelle est une pancarte avec ces mots : Déjeuners de midi à deux heures. — A gauche, premier plan, une porte sur laquelle on lit : Salon de coiffure. — Au deuxième plan, une porte conduisant à l'escalier de l'hôtel. Entre les deux portes de gauche, un bureau sur lequel est un énorme registre. — A droite, un guéridon sur lequel est un vase avec des fleurs. — Une longue file de sonnettes avec des numéros sur le mur.

SCÈNE PREMIÈRE

UN GARÇON BLANC, UN GARÇON NÈGRE, puis ROBINSON, et d'AUTRES GARÇONS D'HOTEL

Au lever du rideau, le nègre est en train de cirer une botte. Le garçon blanc est assis les jambes en l'air, et lit un journal.

LE NÈGRE, chantant.

Li ben joli, le bengali,
Li mieux chanter que Colibri.

LE GARÇON BLANC.

As-tu bientôt fini de roucouler ? Je ne m'entends pas lire.

LE NÈGRE.

Suffit !... moi se taira.

LE GARÇON BLANC.

C'est heureux! (Lisant.) « L'inauguration de l'Exposition a été magnifique. Elle avait attiré deux cent cinquante mille personnes, sans compter les écrasés... »

LE NÈGRE.

Là !... moi qu'a fini cirer botte... A toi cirer l'autre.

LE GARÇON BLANC, se levant.

Hein ? Veux-tu bien te dépêcher de la cirer, mal blanchi !

LE NÈGRE.

Moi pas tout faire... nous qu'être égaux... nous devoir partager ouvrage.

LE GARÇON BLANC.

Eh bien ! puisque tu cires les bottes et que je lis le journal, la besogne est partagée.

LE NÈGRE.

Moi faire la mauvaise!

LE GARÇON BLANC.

C'est de droit !... Je suis du Nord et toi du Sud.

ROBINSON, entrant par la seconde porte de gauche et à trois ou quatre garçons qui le suivent.

Allons, vivement vous autres !... Ne flânons pas!

LE NÈGRE.

Ah ! c'est le maître !...

LE GARÇON BLANC.

Le patron, imbécile!... (Lui allongeant un coup de pied.) Il n'y a plus de maîtres, nous sommes des hommes libres !...

ROBINSON, s'approchant et donnant un coup de pied au garçon blanc.

Animal !... (Lui arrachant le journal.) Tu fais de la politique, toi ! occupe-toi de ta besogne !

LE GARÇON BLANC.

Oui, patron.

ROBINSON, regardant sa montre.

Il est deux heures !... c'est l'heure du lunch. Change la pancarte !

LE GARÇON BLANC, au nègre.

Tu as entendu?... change la pancarte!

LE NÈGRE, à part.

Moi marronner !

Il met sur la porte de droite une autre pancarte sur laquelle on lit : Lunch de deux heures à cinq heures.

ROBINSON, à deux voyageurs qui viennent d'entrer par le fond et qui semblent hésiter en regardant la nouvelle pancarte.

Plus de déjeuners, messieurs !... mais vous pouvez aller luncher. (Les deux voyageurs entrent dans la salle de droite. — Violent coup de sonnette.) Ah ! c'est le 1256 qui demande son thé.

LE GARÇON BLANC, au nègre.

Le thé du 1256... qu'on te dit !

LE NÈGRE, entre ses dents.

Bon ! toujours moi ! Mais moi prendre l'ascenseur.

LE GARÇON BLANC.

Du tout !... je me le réserve.

Nouveaux coups de sonnettes se succédant presque sans interruption.

ROBINSON.

Le Nabab du 2,043 ! la famille anglaise du 3,117 ! le Moldave du 1505 ! (Autre coup de sonnette très-violent.) Ah ! celui-là je sais... c'est pour un bouillon.

LE GARÇON BLANC.

Un bouillon ?

ROBINSON.

De guimauve... tiède... (Aux garçons.) Vite, allez prendre les ordres de ces illustres voyageurs !

ENSEMBLE.

Air :

Du client
Lestement
Satisfaisons les caprices !
Pour payer nos services
Il apporte son argent !

Les garçons sortent par la deuxième porte de gauche.

SCÈNE II

ROBINSON, seul.

Ah ! quel tintouin !... Diriger cette masse de garçons...

répondre à cette multitude d'étrangers qui envahissent mon hôtel... Atlas, le fameux Atlas que l'on représente avec le globe sur les épaules, n'était pas plus chargé que moi... Je suis fourbu, littéralement fourbu !... (Il s'assied à droite.) Partagé sans relâche entre mes fonctions d'hôtelier et mes devoirs de shériff, car je suis shériff de cette ville, et en cette qualité, chargé de procéder aujourd'hui-même au couronnement de la rosière internationale.. Le jury a fait un choix et j'attends d'un instant à l'autre la jeune fille qu'ils ont élue... (Il se leve) De mon côté, j'ai écrit à l'un des membres correspondants qui habite l'Ohio de m'expédier un jeune homme pur et sans tache... pour l'unir à cette rosière... C'est un essai pour l'amélioration de la race humaine... il ne manquera pas de sortir de là d'excellents produits...

SCÈNE III

ROBIN, PAQUITA, en homme. Costume de voyage, un sac en bandoulière.

PAQUITA, entrant vivement par le fond.

Avez-vous une chambre?

ROBINSON.

C'est selon. Vous êtes seul?

PAQUITA.

Tout seul.

ROBINSON.

Bachelor, n'est-ce pas?

PAQUITA.

Bachelor, oui...

ROBINSON.

Je n'ai à vous offrir qu'une chambre au sixième.

PAQUITA.

Je la prends.

ROBINSON.

Il y a déjà quelqu'un.

PAQUITA.

Une femme ?

ROBINSON.

Non, un homme, un Écossais.

PAQUITA.

Ah !

ROBINSON.

Ça vous contrarie ?

PAQUITA.

Nullement, j'ai mon revolver.

ROBINSON.

Bien ! je vous préviens que je ne réponds pas de mes voyageurs.

PAQUITA.

Oh ! mais alors...

ROBINSON.

Quoi ? puisque vous avez votre revolver... un homme en vaut un autre.

PAQUITA.

C'est juste... Quel numéro votre chambre ?

ROBINSON.

Un instant, jeune homme ! donnez-moi d'abord votre nom. Comme hôtelier je n'y tiens pas, mais comme shériff, je dois me soumettre à cette formalité. (Il va à son bureau et prend une plume.) Vous vous appelez ?

PAQUITA, à part.

Diable ! quel nom donner ?

ROBINSON.

Eh bien ?

PAQUITA.

Bah ! le premier nom venu. (Haut.) Jackson.

ROBINSON, surpris.

Jackson !... vous vous appelez Jackson ?

PAQUITA.

Sans doute.

ROBINSON.

Viendriez-vous de l'Ohio?

PAQUITA.

De l'Ohio... justement. (A part.) Cet alibi dépistera les recherches.

ROBINSON.

Et c'est Jonathan qui vous envoie?

PAQUITA.

Jonathan? (A part.) Disons comme lui. (Haut.) Oui, je viens de sa part!

ROBINSON, à part.

Le jeune homme pur et sans tache! (Lui tendant la main.) Soyez le bienvenu, mon garçon! je vous attendais avec impatience.

PAQUITA, à part.

Profitons de son erreur!

ROBINSON, l'examinant et à part.

Joli garçon... très-bien découplé...

PAQUITA, à part.

Comme il m'examine! aurait-il des soupçons?

ROBINSON.

Allons, allons, je vois que Jonathan a bien choisi!... vous devez avoir besoin de vous reposer?...

PAQUITA.

En effet.

ROBINSON.

Je vais vous faire conduire à votre chambre. (Appelant à la porte de gauche.) John! Peter!... eh bien, est-ce qu'ils ne m'entendent pas?

Il disparait un instant.

PAQUITA, seule.

Pour qui me prend-il? Bah! qu'importe! l'essentiel était de trouver un abri, de me dérober aux recherches de monsieur Caramba... mon tigre de mari, dont la jalousie est devenue insupportable... Ici, grâce à ce costume ma culin, et au pseudonyme que j'ai pris, j'espère être en sûreté.

ROBINSON, rentrant avec le premier garçon.

Allons, arrive!... et conduis ce jeune voyageur au numéro 1614.

LE PREMIER GARÇON, à Paquita.

Venez!

PAQUITA.

Je vous suis...

ENSEMBLE.

Air : *A Toulouse en Toulousain* (*Jolie Parf.*)

ROBINSON.

Au revoir, mon cher ami,
Vous serez très-bien ici.
Pas de crainte
De contrainte! (*Bis.*)
Allez prendre du repos,
Vous en serez plus dispos!

PAQUITA, à part.

Des fureurs de mon mari
Enfin je suis à l'abri!
Plus de crainte,
De contrainte! (*Bis.*)
Pour prendre un peu de repos,
Je me sens l'esprit dispos!

LE GARÇON.

Pour vous guider me voici,
Vous serez très-bien ici.
Pas de crainte,
De contrainte! (*Bis.*)
Venez prendre du repos,
Vous en serez plus dispos!

Paquita et le garçon sortent par la gauche, deuxième plan.

SCÈNE IV

ROBINSON, puis LE NÈGRE et ensuite CARAMBA.

ROBINSON, regardant sortir Paquita.

Décidément il est très-bien ce garçon... Ça fera un très-bon mari pour notre rosière.

LE NÈGRE, *entrant avec un carton.*

Ça qu'on vient d'apporter pour patron.

ROBINSON.

Ah! bon!... je sais ce que c'est. (*Entr'ouvrant le carton.*) La robe et le voile de la rosière. (*Au Nègre.*) Tiens, accroche ça avec soin dans ce placard! (*Il désigne le placard à droite. Le Nègre accroche le costume et sort. Robinson tire sa montre.*) Diable!... mais cette jeune fille n'arrive pas... Le couronnement est pour quatre heures... il me tarde de la voir...

CARAMBA, *entrant brusquement par le fond.*

Le maître de cet hôtel?

ROBINSON.

C'est moi. Mais si c'est pour un appartement, je dois vous dire...

CARAMBA.

Il ne s'agit pas d'appartement!... je cherche quelqu'un!

ROBINSON, *indifférent.*

Ah!

CARAMBA.

Une femme.

ROBINSON.

Une femme?

CARAMBA.

La mienne.

ROBINSON.

Vous courez après votre femme?... C'est rare!

CARAMBA, *continuant.*

... Arrivée à Philadelphie, il y a une heure, par le chemin de fer.

ROBINSON.

Eh! bien, après?

CARAMBA.

Répondez à mes questions, et surtout ne cherchez pas à me tromper. (*Montrant un revolver.*) ou je vous brûle la cervelle...

ROBINSON, *reculant.*

Hein?

CARAMBA.

Répondez... Avez-vous ici une jeune dame, brune, de beaux yeux, de belles dents?

ROBINSON.

J'en ai plusieurs de ce modèle... mais aucune voyageuse nouvelle n'est arrivée depuis une heure.

CARAMBA.

C'est singulier! J'ai visité déjà vingt-trois hôtels de cette ville, ma femme n'y était pas.

ROBINSON.

Vous aurez mal cherché.

CARAMBA.

Mal cherché? Allons donc!... Moi un chasseur, j'ai fouillé ces hôtels de fond en comble. (Poussant un cri.) Ah!

ROBINSON, effrayé.

Quoi?

CARAMBA.

J'oubliais un détail. Cette dame était probablement accompagnée d'un jeune homme.

ROBINSON.

Un couple alors?

CARAMBA.

Oui, un couple!... Avez-vous reçu un couple?

ROBINSON.

Depuis une heure, non!

CARAMBA, saisissant une chaise et la jetant à terre.

Demonio! où les retrouver?

ROBINSON.

Prenez garde! ne brisez pas mon mobilier!

CARAMBA.

Il s'agit bien de votre mobilier!

ROBINSON.

Du reste vous pouvez consulter mon registre.

Il le prend et le lui présente.

CARAMBA.

Eh ! votre registre ! qu'est-ce qu'il m'apprendra votre registre ?

Il donne un coup de poing dans le registre qui saute en l'air.

ROBINSON.

Permettez !

Il le ramasse.

CARAMBA.

Prenez-vous donc ma femme pour une oie?

ROBINSON.

Comment ?

CARAMBA.

Croyez-vous qu'elle soit assez simple pour donner son vrai nom ? (Marchant avec agitation.) Ah ! la scélérate! m'abandonner ainsi !... me faire courir après elle ! (Brusquement à Robinson.) Donnez-moi de l'eau !

ROBINSON, ahuri.

De l'eau ?... Pourquoi ?...

CARAMBA.

Pour me bassiner le front .. il est brûlant... les yeux... ils sont pleins de poussière.

ROBINSON.

Ce n'est pas ici un cabinet de toilette.

CARAMBA, avisant le vase où il y a des fleurs.

Ah ! voici mon affaire !

Il prend les fleurs et les jette, puis verse de l'eau dans ses mains et se bassine la figure.

ROBINSON.

Mais vous inondez mon parquet !

CARAMBA.

Vous m'ennuyez !

ROBINSON, à part.

Quelle brute !

En ce moment un garçon apportant un plateau sur lequel il y a des rafraichissements, des gâteaux, traverse le théâtre.

CARAMBA.

Ah !... des rafraîchissements !... Je meurs de soif !

Il prend un grog et l'avale.

ROBINSON.

Laissez donc ça ! c'est la collation d'un général espagnol et autre gens gradés.

CARAMBA.

La collation des grades? (*Prenant les gâteaux et les dévorant.*) Eh ! bien, quoi ! je paierai, je n'ai pas l'intention de consommer gratis.

ROBINSON.

Mais avec tout ça mes locataires attendront.

CARAMBA.

Le grand mal !... Voyons, m'avez-vous dit la vérité?

ROBINSON.

Au sujet de cette dame ?

CARAMBA.

Oui.

ROBINSON.

Je vous affirme...

CARAMBA.

Ça suffit !... je vous crois...

ROBINSON, *à part.*

C'est heureux !

CARAMBA.

Faites descendre toutes vos voyageuses.

ROBINSON.

Hein ! Pourquoi ?

CARAMBA.

Parbleu ! pour que je les voie !

ROBINSON.

Par exemple ! vous moquez-vous de moi ? déranger des personnes de qualité !

CARAMBA.

C'est juste !... ce ne serait pas convenable... c'est moi qui leur rendrai visite.

ROBINSON.

Vous ?

CARAMBA.

Oui, je veux m'assurer par moi-même... Où est l'escalier? (Regardant à gauhe.) Ah ! par ici !...

ROBINSON, voulant l'empêcher de sortir.

Un instant !... je m'y oppose !

CARAMBA, le repoussant.

Fichez-moi la paix !

Il sort vivement par la deuxième porte de gauche.

ROBINSON.

Il va bouleverser tout l'hôtel ! (Criant.) Monsieur ! monsieur !

SCÈNE V

ROBINSON, PUPAZZI, VANDER-PAFF, BOURA-KHAN, GEORGINA, CÉSARINE, OLYMPE, ROSETTE, VIRGINIE.

PUPAZZI.

Ah ! signor hôtelier !

ROBINSON, qui allait sortir, s'arrêtant.

Mes locataires !... avec des voyageuses !

VANDER-PAFF.

Oui... ces demoiselles voudraient...

Violent coup de sonnette dans la salle de droite.

ROBINSON.

Pardon, messieurs, on m'appelle... dans un instant je suis à vous.

Il sort par la droite.

BOURA-KHAN, aux jeunes filles.

Nous voici arrivés !

PUPAZZI.

Et dans lé meillor hôtel dé la villé...

GEORGINA.

Pourvu que monsieur Cabillot parvienne à nous retrouver!

VANDER-PAFF.

Soyez sans crainte.

BOURA-KHAN.

Nous sommes très-connus de tous les guides du port.

VANDER-PAFF.

On n'aura pas manqué de lui indiquer notre domicile.

CÉSARINE.

C'est singulier !... il n'arrive pas.

BOURA-KHAN.

Il va venir.

PUPAZZI.

En attendant, venez faire ouné lézère collation.

LES JEUNES FILLES.

Une collation ?

VANDER-PAFF.

Oui, oui... allons luncher !

GEORGINA, à ses compagnes.

Très-polis, ces étrangers ! mais très-polis !

OLYMPE, de même.

Remplis de prévenances !

VIRGINIE, de même.

Il n'y a qu'eux pour comprendre les femmes !

BOURA-KHAN, montrant la droite.

Passons dans cette salle.

ROSETTE et VIRGINIE.

Mais monsieur Cabillot ?

PUPAZZI.

Bast!... il nous rejoindra.

VANDER-PAFF.

Vous n'êtes pas perdues.

LES TROIS HOMMES.

Venez, mesdemoiselles!

PUPAZZI.

Air : *Les gamins se mettent en frais.*

Allons tous, allons festiner,
En attendant le dîner!

ENSEMBLE.

Allons tous, allons festiner,
En attendant le dîner!

GEORGINA.

Nous croquerons quelques crevettes.

CÉSARINE.

Du plum-pudding...

OLYMPE.

Et des gimblettes.

GEORGINA.

Puis, nous prendrons un bol de punch,
Pour arroser ce petit lunch!

REPRISE ENSEMBLE.

Allons tous,
Etc.

Ils entrent dans la salle de droite. Au même instant Cabillot paraît au fond, toujours avec ses bagages.

SCÈNE VI

CABILLOT, puis LE NÈGRE, puis ROBINSON, et ensuite PIBROK.

CABILLOT.

Un hôtel!... Informons-nous!... (Il entre et dépose à terre ses colis.) Sapristi ! les jambes me rentrent ! je tombe de sommeil. (Regardant.) Comment, personne ! (Criant.) Holà ! garçon !

LE GARÇON NÈGRE, accourant, un petit balai de chiendent à la main.

Voilà ! voilà !

Il se met à le brosser avec son balai.

CABILLOT.

Eh bien ! qu'est-ce qu'il fait ?

LE NÈGRE.

Moi qu'enlever poussière !

CABILLOT.

Avec un balai !... Mais on prend une brosse !

LE NÈGRE.

En Amérique, nous pas connaître brosse.

CABILLOT.

Il me balaie ! il me prend pour un trottoir !

ROBINSON, entrant par la droite et parlant à la cantonade.

Tout de suite, messieurs, je reviens.

Le Nègre sort.

CABILLOT, à lui-même.

Ah ! l'aubergiste sans doute. (Allant à Robinson.) Monsieur l'hôtelier ?

ROBINSON, à part.

Un Français avec des bagages !... il tombe bien !

CABILLOT.

Un mot, if you please ; je désirerais...

ROBINSON, à part.

Une chambre !

Il hausse les épaules et sort par la gauche sans répondre.

CABILLOT, le suivant.

Pardon... je vous demande si... (La porte se referme.) Eh bien ! il s'en va sans répondre... Mœurs americaines !

PIBROK, paraissant au fond et à part.

Ah ! le voici ! je l'ai filé !

CABILLOT, à lui-même.

Attendons qu'il revienne !

Il s'assied.

PIBROK.

Si je pouvais le pincer en flagrant délit...

Il s'approche de Cabillot.

CABILLOT, le voyant et à part.

Encore ce particulier! (Se levant et à Pibrok.) Comment, vous ici?

PIBROK.

Paraît que nous faisons route ensemble.

CABILLOT.

Oui, je vous rencontre partout, sur mes talons.

PIBROK.

Le hasard ! le pur hasard !

CABILLOT.

Au fait, vous pourriez peut-être m'apprendre dans quel hôtel sont allées mes compagnes de voyage?

PIBROK.

Vos ouvrières?... je n'en sais rien.

CABILLOT.

J'ai arpenté toute la ville... j'ai demandé dans vingt maisons.

PIBROK, à part.

Tout ça, pour me dépister !

CABILLOT.

Enfin, hors d'haleine, je grimpe dans un tramway...

PIBROK, à part.

Naturellement ! c'est le siége d'opérations des pick-pockets.

CABILLOT.

A peine y étais-je installé qu'une grosse femme vient s'asseoir sur mes genoux... En la repoussant je pose la main sur...

PIBROK.

Sa poche ?

CABILLOT.

Non, sa crinoline... Elle m'a flanqué une gifle !

PIBROK, à part.

Le coup avait raté ! Essayons de lui tendre un piége ! (Il étale avec intention ses breloques.) C'est ici que vous venez loger ?

CABILLOT.

Oui... Magnifique hôtel !... nombreuse société !... ça me va !

PIBROK, à part.

La foule ! compris !

CABILLOT.

Vous avez là une jolie chaîne !

PIBROK, à part.

Ça mord !... (Haut.) Or massif... ça pèse gros.

CABILLOT.

Est-ce bien attaché ?

PIBROK.

Non... je ne suis pas méfiant... Une main de femme l'enleverait.

CABILLOT.

Une femme ! (Lui tapant sur le ventre.) Farceur !

PIBROK, à part.

Il l'a prise ? (Regardant.) Non ! il se méfie !

Il laisse tomber son portefeuille.

CABILLOT, le ramassant.

Eh ! dites donc, votre portefeuille !

Il le lui rend.

PIBROK.

Merci ! (A part.) Il se méfie toujours !... mais je le repigerai.

SCÈNE VII

CABILLOT, PIBROK, GEORGINA, CÉSARINE OLYMPE, VIRGINIE, ROSETTE, puis ROBINSON.

GEORGINA, entrant par la droite avec les autres jeunes filles.

Ah ! nous voilà restaurées !

CÉSARINE.

Monsieur Cabillot !...

CABILLOT.

Ces demoiselles !

PIBROK, à part.

Toute la bande !... quoi !

CABILLOT.

Enfin vous voilà ! depuis une heure je cours après vous... d'où venez-vous donc par là ?

GEORGINA.

Nous venons de luncher.

CABILLOT.

Sont-elles portées sur leurs canines !...

OLYMPE.

Tiens ! l'Océan, ça creuse !

CABILLOT.

Avez-vous retenu des chambres ?

ROSETTE.

Pas encore.

VIRGINIE.

Nous vous attendions !

CABILLOT.

Il faut en demander ! J'ai si mal dormi pendant le voyage, je suis éreinté... j'ai besoin de reposer mollement. (A Robinson qui rentre par la gauche.) Ah! monsieur l'hôtelier, je désirerais des chambres pour ces demoiselles et pour moi. (Robinson hausse encore les épaules sans répondre.) Toujours pas de réponse!

GEORGINA.

Est-ce qu'il est sourd?

CABILLOT.

Oh! je devine!... il ne comprend pas le français!

CÉSARINE.

C'est probable!

CABILLOT.

Je vais lui parler son idiome. Je le possède... dans ma poche. (Tirant un livre de sa poche et lisant en s'adressant à Robinson.) « Have you any rooms to let? »

ROBINSON.

Hein?

CABILLOT.

« Rooms furnished... apartments furnisched? »

Robinson sourit d'un air de pitié.

OLYMPE.

Tiens, ça le fait rire!

PIBROK.

Parbleu!

CABILLOT.

With a very good bed?

Robinson sourit de rechef.

PIBROK, à part.

En voilà un charabia!

CABILLOT.

« How much do you ask a head? »

ROBINSON.

Pardon, monsieur, je suis pressé. Veuillez parler français!

LES JEUNES FILLES.

Ah! bah!

CABILLOT.

Comment! vous entendez le français?

ROBINSON.

Je connais toutes les langues.

GEORGINA.

Il fallait donc le dire!

CABILLOT.

Et ne pas me laisser enferrer!

CÉSARINE.

On met ça sur les carreaux!

OLYMPE.

A Paris, ça se fait : « English spoken here. »

VIRGINIE.

Si parlà italiano.

GEORGINA.

Se habla españolas.

ROBINSON.

Oh! vous êtes si avancés chez vous!

CABILLOT.

Mais un peu!

ROBINSON.

Enfin, qu'est-ce que vous voulez?

CABILLOT.

Un logement.

GEORGINA.

Des chambres!

LES AUTRES JEUNES FILLES.

Des lits...

ROBINSON.

Des lits?... Je n'en ai plus!

CABILLOT.

Vous avez bien quelques matelas?

ROBINSON.

Pas un traître crin! tout est encombré, encombrissimé, mon hôtel est con ble de la base au sommet.

CABILLOT.

Sapristi !... et c'est partout la même chanson!

VIRGINIE.

Comment faire?

GEORGINA.

Nous ne pouvons pourtant pas coucher à la belle étoile!

SCÈNE VIII

LES MÊMES, VANDER-PAFF, BOURA-KHAN, et PUPAZZI, sortant de la salle de droite.

PUPAZZI.

Cousser à la belle étoile !

VANDER-PAFF.

De si jolies personnes !

CABILLOT, à part.

Encore ces étrangers!

PUPAZZI.

Per Bacco! cé sérait oun crime dé lézé galantérie!

BOURA-KHAN.

Nous ne lesouffrirons pas!

PUPAZZI, à Georgina.

Zé vi offre ma sambre.

CABILLOT.

Hein?

VANDER-PAFF, à Césarine.

Et moi la mienne.

BOURA-KHAN, aux autres jeunes filles.

Disposez de nos appartements!

LES JEUNES FILLES.

Est-il possible?...

CABILLOT.

Permettez... mais ces messieurs, où logeront-ils?

PUPAZZI.

Né vi embarrassez pas dé nous!

VANDER-PAFF.

Nous trouverons bien à nous caser.

BOURA-KHAN, appelant.

Garçon! garçon!

PUPAZZI, à deux garçons qui entrent.

Conduisez ces demoiselles à nos chambres respectives...

GEORGINA.

En vous remerciant, messieurs!

LES AUTRES JEUNES FILLES.

En vous remerciant!

CABILLOT, bas aux ouvrières.

Surtout mettez les verrous.

PIBROK, à part.

J'aurai l'œil sur eux!

LES TROIS ÉTRANGERS.

Air : *De la chanson de Fortunio.*

Toutes nos chambres sont à vous!

PUPAZZI.

Nous les mettons à vos genoux!

TOUS ENSEMBLE.

Toutes nos chambres sont à vous,
Nous les mettons à vos genoux!

LES JEUNES FILLES.

Eh! quoi, vraiment!
Ce dévouement
Est très-galant!

LES TROIS ÉTRANGERS.

Vous acceptez
Et consentez!

LES JEUNES FILLES.

Que de bontés!

ENSEMBLE.

Toutes nos chambres sont à vous!
Etc.

LES JEUNES FILLES.

Toutes leurs chambres sont à nous,
Ils les mettent à nos genoux. (*Bis.*)

Les jeunes filles sortent avec les garçons par la porte de gauche. — Les étrangers s'éloignent par la droite en se frottant les mains. — Pibrok sort derrière eux.

SCÈNE IX

CABILLOT, ROBINSON.

CABILLOT, à Robinson qui écrit à son bureau.

Ah ça! dites donc, et moi?

ROBINSON.

Vous! Voyez ailleurs... je n'ai rien à vous offrir.

CABILLOT.

Comment pas un grenier, une soupente, un hangar?

ROBINSON.

Rien de rien!

CABILLOT, désignant la salle de droite.

Par là?

ROBINSON.

C'est le bar-room.

CABILLOT, montrant la première porte à gauche.

Par ici?

ROBINSON.

C'est le cabinet de coiffure.

CABILLOT.

Mais je ne puis pourtant pas quitter ces demoiselles.

ROBINSON.

Étes-vous le mari de l'une d'elles?

CABILLOT.

Pas encore.

ROBINSON.

Alors vous ne pouvez cohabiter.

Il sort par la droite.

CABILLOT, *seul.*

Sapristi!... nom d'un petit bonhomme!... Pas de lit pour moi!... me voilà dans de beaux draps! Mais je ne quitte pas cette maison, quand je devrais coucher dans une armoire.

En disant cela, il s'approche de l'un des deux bahuts du fond et met la main sur la clé.

UNE VOIX, *dans l'intérieur du bahut.*

Il y a du monde!

CABILLOT.

Hein? (*Il ouvre le bahut. On aperçoit dedans un Turc fumant sa pipe.*) Un fils du Coran!... (*Refermant l'armoire et s'approchant de l'autre buffet.*) Et par là? Voyons donc... (*Il ouvre le second bahut. On aperçoit dedans un Chinois et une Chinoise accroupis.*) Un ménage chinois!... (*S'excusant.*) Mille pardons!... (*Il referme le bahut.*) Saperlotte!... du monde partout!

SCÈNE X

CABILLOT, MISS CROKETT.

MISS CROKETT, *entrant par le fond.*

Ah! c'est lui!

CABILLOT, *à part.*

Tiens! la folle de ce matin!

MISS CROKETT.

Qu'avez-vous donc, bel étranger?

CABILLOT.

Je suis furieux... j'ai que je n'ai pas même un tabouret pour reposer ma tête.

MISS CROKETT.

Vraiment?

CABILLOT.

Il est possible que les Américains soient un grand peuple, mais ils manquent de literie.

MISS CROKETT.

Vous n'avez pas de logement? ô bonheur!

CABILLOT, *à part.*

Elle me gouaille.

MISS CROKETT.

Rassurez-vous, beau Français!... Si les hôteliers américains manquaient d'humanité, il y a des Américaines qui ne leur ressemblaient pas!

CABILLOT.

Des Américaines!... Où ça?

MISS CROKETT, *minaudant.*

Pas loin!

CABILLOT.

Bah! vous en connaissez?

MISS CROKETT.

Oui... moâ.

CABILLOT.

Vous?

MISS CROKETT.

On vous refusait partout une chambre, je vous offre la mienne.

CABILLOT.

La vôtre!... Il y a deux lits?...

MISS CROKETT.

Il n'y en a qu'un...

CABILLOT, *à part.*

Fichtre!

MISS CROKETT.

Mais je vous l'abandonne. (*A part.*) S'il pouvait me compromettre... la loi est formelle... il serait forcé de m'épouser... (Haut.) Eh bien, acceptez-vous?...

CABILLOT.

Non, non, bien obligé... je craindrais de vous gêner.

MISS CROKETT, à part.

Pas de chance! Aoh! pas de chance!

Elle sort par la gauche.

CABILLOT, à lui-même, et regardant de tous les côtés.

Comment je ne finirai pas par trouver un coin? (En disant cela, il ouvre le placard à droite.) Que vois-je!... un costume de femme... Oh! quelle idée! c'est un moyen de pénétrer chez ces demoiselles! (Prenant la robe et le voile et le fourrant sous son bras.) On vient!... Vite! éclipsons-nous!

Il se jette dans le cabinet de coiffure à gauche.

SCÈNE XI

ROBINSON, puis PIBROK, LES CINQ OUVRIÈRES, ensuite CARAMBA.

ROBINSON, entrant par la deuxième porte de droite un papier à la main, et très-agité.

Ce télégramme m'annonce que la rosière est indisposée... qu'elle ne viendra pas!... Quel contre-temps!... quand tout était prêt pour la cérémonie! (On entend un grand bruit au dehors à gauche.) Ce bruit!... qu'est-ce donc?...

PIBROK, entrant par le fond.

Une algarade!... C'est mon filou!

Les ouvrières entrent par la deuxième porte de gauche, tout effrayées.

LES JEUNES FILLES, criant.

Ah!...

Caramba paraît à la porte de gauche. — Les ouvrières poussent un nouveau cri et passent à droite.

PIBROK.

Le chasseur de buffles!

ROBINSON, à part.

Encore cet animal! (A Caramba.) Ah! ça, est-ce que vous allez mettre mon hôtel sens dessus dessous?

CARAMBA.

Ce sont ces péronnelles qui jettent les hauts cris parce que j'entre chez elles...

GEORGINA.

Mais, monsieur, on n'entre pas comme ça chez des jeunes filles honnêtes !

CÉSARINE.

J'étais en train de changer de jupon...

GEORGINA.

Et moi de mettre mon corset...

VIRGINIE.

Et moi mes jarretières.

TOUTES.

C'est d'une indiscrétion !...

CARAMBA.

Laissez-moi donc tranquille avec vos airs prudes !... En voilà des bégueules !

OLYMPE.

Quel butor !

GEORGINA.

Quel chacal !

CARAMBA.

Quand je vous dis que je cherche ma femme !

ROBINSON.

Eh ! allez la chercher ailleurs que chez moi !

CARAMBA.

Pas avant d'avoir visité les recoins de votre cassine.

Il s'élance vers la salle de droite.

ROBINSON, *sortant derrière lui.*

Ma cassine !

SCÈNE XII

PIBROK, LES JEUNES FILLES, CABILLOT, puis ROBINSON et CARAMBA, enfin PAQUITA.

CABILLOT, en rosière, et son voile baissé, entrant et à part.

Voilà ma toilette terminée... j'ai trouvé là dedans des fausses nattes et je me suis flanqué pas mal de poudre de riz... je dois faire illusion.

LES JEUNES FILLES.

Tiens !... une femme !

PIBROK, à part.

Une femme qui se cachait !... Serait-ce ?...

CABILLOT, s'approchant des ouvrières et soulevant un peu son voile. Bas.

C'est moi !

GEORGINA, bas.

Monsieur Cabillot !

CABILLOT, bas.

Chut ! c'est un truc pour rester avec vous !

PIBROK, qui a tout observé, à part.

Du mystère !... Plus de doute !... c'est la Mexicaine !

CARAMBA, rentrant par la droite.

Rien encore ! pas de Paquita !

PIBROK, à Caramba.

Calmez-vous ! je l'ai trouvée !

CARAMBA.

Qui ?... ma femme ?

PIBROK, lui montrant Cabillot.

La voici.

CARAMBA, s'approchant de Cabillot, et soulevant brusquement son voile.

Ça ?... ce n'est pas elle !

PIBROK, qui a entrevu le visage de Cabillot. A part.

Le pick-pocket !

CARAMBA.

Oh ! je la retrouverai !

Il sort par le fond.

ROBINSON, rentrant.

Enfin, nous en voilà débarrassés !

PAQUITA, paraissant avec précaution à la porte de gauche. A part.

Il est parti !... Ah ! que j'ai eu peur !... heureusement, il ne m'a pas vue !

Elle se tient à l'écart.

PIBROK, à part, regardant Cabillot.

Il mitonne un coup, c'est sûr !

ROBINSON, apercevant Cabillot et très-surpris.

Eh ! mais c'est la rosière !

TOUS.

La rosière !

CABILLOT, à part.

Moi !... il me prend pour une rosière !

ROBINSON.

Comment !... vous ici !... Vous êtes donc remise de votre indisposition?

CABILLOT, à part.

Mon indisposition ? (Haut et avec une voix de femme.) Oui, oui, merci bien, ça va mieux.

ROBINSON.

Et vous avez mis le costume ! Très-bien ! parfait !...

CABILLOT, à part.

Ne le détrompons pas !... il s'agit de rester et d'avoir un lit !

PIBROK, à part.

Bien sûr il manigance quelque chose; mais, motus ! Je veux le pincer *flagrante delicto.*

ROBINSON, tirant sa montre.

Voici l'heure de la cérémonie, nous allons procéder au couronnement !

GEORGINA, riant, et bas à ses compagnes.

Ah ! ah ! ce sera drôle !

SCÈNE XIII

LES MÊMES, VOYAGEURS et AMÉRICAINS DES DEUX SEXES, GARÇONS D'HOTEL.

CHŒUR.

Air : *Voici la jeune fiancée.* (*Moulin du Vert-Galant.*)

Pour célébrer ce jour prospère,
En cet hôtel accourons-tous !
L'autorité va devant nous
Couronner la rosière !

Pendant le chœur, un garçon de l'hôtel a apporté un coussin qu'il a posé à terre au milieu de la salle.

ROBINSON, à Cabillot.

Placez-vous là... à genoux.

CABILLOT.

A genoux ?

ROBINSON.

C'est l'usage.

CABILLOT.

Soit ! je veux bien... (A part.) Ne le contrarions pas !

ROBINSON, prenant une couronne des mains d'un garçon.

Jeune fille, d'après la délibération du jury, je vous proclame rosière internationale !

Il pose la couronne sur la tête de Cabillot.

TOUS LES ASSISTANTS.

Hurrah ! hurrah !

ROBINSON, à Cabillot.

Maintenant, relevez-vous !

CABILLOT.

C'est fini ?

Il se relève.

ROBINSON.

Vous allez recevoir le prix.

CABILLOT.

Ah !... il y a un prix ? (A part.) Pas moyen de refuser !

PIBROK, à part.

Il va filouter le prix.

ROBINSON.

Et ce prix, c'est une dot.

CABILLOT, étonné.

Une dot ? comment une dot ?

ROBINSON.

Sans doute ; selon la tradition, on doit incontinent marier la rosière.

CABILLOT.

Hein ?

LES JEUNES FILLES, à part, en riant.

On va le marier !

ROBINSON, allant prendre par la main Paquita et la faisant approcher.

Voici votre mari.

PAQUITA, à part.

Moi ?

LES JEUNES FILLES, riant, à part.

Ah ! ah ! ah !

PIBROK, à part.

Elle est bonne celle-là !

PAQUITA, à part.

Impossible de dire non, sans me compromettre !

ROBINSON.

Le révérend attend... En route !

TOUS.

En route !

CABILLOT, à part.

En voilà une situation !

ENSEMBLE.

Air : *Jolie parfumeuse.*

Pour conclure la noce
De ce couple charmant,
Montons vite en carrosse,
Partons, partons gaîment!

PAQUITA, à part.

Oui, je me perds si je réclame;
Garder le silence vaut mieux,
Après tout, épouser un' femme,
Cela n'est pas bien dangereux!

CABILLOT, à part.

Bast! avec un jeune homme
L' mariage est nul sans contredit;
Et d'ailleurs c'est, en somme,
Le moyen d'obtenir un lit!

REPRISE ENSEMBLE, en dansant.

Pour conclure la noce
De ce couple charmant,
Montons vite en carrosse,
Partons, partons gaîment!

Mouvement de sortie. — Le rideau baisse.

Troisième Tableau

Une chambre gentiment décorée. — Au fond, un lit avec rideaux. — Dans le pan coupé de droite, la porte. — Dans celui de gauche, une fenêtre. — Tableaux sur les murs, l'un représentant Daphnis et Chloé, un autre l'Amour et Psyché, etc., etc. — Un guéridon, des chaises.

SCÈNE PREMIÈRE

CABILLOT, PAQUITA, ROBINSON, PIBROK, GEORGINA, CÉSARINE, OLYMPE, ROSETTE, VIRGINIE.

Au lever du rideau, entrée du cortège accompagnant les nouveaux mariés.

CHŒUR.

Air : 3e *acte du Petit Faust.* (*Chœur des Vestales.*)

De la rose internationale
Célébrons tous les nœuds si doux,
Et dans la chambre nuptiale
Installons ces heureux époux !

ROBINSON.

Vous voici dans la chambre 6,669, la chambre des mariés... Comme shériff et comme hôtelier, j'avais le devoir de vous y installer solennellement.

CABILLOT, à part.

Ils m'ont marié ! Je me suis laissé faire... d'abord, je suis sous le même toit que ma prétendue, et puis, je vais enfin pouvoir me coucher.

PAQUITA, à part.

Dès que tout le monde sera parti, je tâcherai de filer.

PIBROK, à part, regardant Cabillot.

Quel peut être son plan ?... Oh ! je le saurai !

LES GENS DE LA NOCE, criant.

Vivent les mariés !

ROBINSON.

C'est bien !... Assez de cris comme ça !... que tout le monde se retire !...

CÉSARINE, à Robinson.

Vous allez les laisser ensemble ?

ROBINSON.

Naturellement !... Est-ce qu'à Paris ça ne passe pas ainsi ?

CÉSARINE.

Oh ! si !...

Elle se détourne pour rire.

CABILLOT, bas à Georgina.

O Georgina, quand je pense que dans quelque temps, on nous conduira tous les deux dans une jolie chambrette !...

Il l'embrasse.

ROBINSON, qui inspectait la chambre, se retournant.

Qu'y a-t-il ?

GEORGINA.

C'est la rosière qui est émue...

VIRGINIE.

Une vraie sensitive !

ROBINSON, à part.

Elle paraît très-caressante, c'est d'un bon augure !

PIBROK, s'approchant de Paquita et bas.

Si vous avez des valeurs, veillez dessus !

PAQUITA, ne comprenant pas.

Hein?.. quoi?...

ROBINSON.

Eh bien! m'avez-vous entendu?

OLYMPE.

On s'en va!

ROSETTE.

Nous nous retirons!

GEORGINA, avec malice.

Bonsoir, fortunés époux!

TOUTES LES JEUNES FILLES, de même.

Bonne et heureuse nuit!

TOUS.

Partons!

PIBROK, à part.

Quant à moi, je vais faire le guet!

CHŒUR.

Air : *De la première feuille.*

Bonsoir! (*Bis.*)
De la chambre nuptiale
Sortons sans faire scandale!
Bonsoir! (*Bis.*)
Bonsoir! (*Bis.*)
Dans l'alcôve conjugale
Laissons cette fleur virginale!
Bonsoir! (*Bis.*)

Pibrok et les ouvrières sortent.

SCÈNE II

CABILLOT, ROBINSON, PAQUITA.

ROBINSON, après avoir reconduit le cortège, s'arrêtant à la porte, et à part.

Ce sont des êtres chastes et ignorants, il faut les éclairer.

CABILLOT, à part.

Eh bien! il ne s'en va pas?

PAQUITA, *à part.*

Qu'est-ce qu'il veut encore ?

ROBINSON, *les prenant tous les deux par la main.*

Jeunes époux, en l'absence d'une mère, c'est à moi de vous en servir et de vous donner quelques conseils en situation.

PAQUITA, *à part.*

Quel bavard !

CABILLOT, *à part, en bâillant.*

J'ai un sommeil !...

ROBINSON.

Vous venez d'être unis à la face des autorités, n'oubliez pas les devoirs que ce lien vous impose !... vous, jeune vierge, obéissance à votre mari !... vous, jeune homme, protection à votre femme.

CABILLOT.

Oui, oui... je sais ça.

ROBINSON.

Mais non, ce n'est pas à vous que je parle... c'est à lui.

PAQUITA.

Bien ! bien ! soyez tranquille !

ROBINSON.

Le mariage a été institué, non-seulement pour river deux cœurs l'un à l'autre ; mais encore... (*A part, regardant Cabillot.*) By god !... ménageons la pudeur de cette fleur d'innocence !

CABILLOT, *à part.*

Il n'en finira pas !

ROBINSON.

Du reste, à défaut de mes paroles, voici qui vous indiquera le but de cette institution sacrée.

Il ouvre les rideaux du lit au fond duquel sont deux grandes affiches. — Sur l'une on lit : Biberons inépuisables. — Sur l'autre : Grand choix de layettes, poupard's street 25.

PAQUITA, *lisant.*

« Biberons inépuisables. »

CABILLOT, lisant.

« Grand choix de layettes... poupard's street, 25 ! »

ROBINSON.

La meilleure maison en ce genre, celle qui n'est pas au coin du quai.

CABILLOT, à part.

Encore des réclames !... ils en fourrent partout !...

ROBINSON.

On va vous servir à souper.

Il sonne.

CABILLOT.

A souper !... ça n'est pas de refus...

Un garçon entre avec un plateau sur lequel est un souper de deux couverts qu'il pose sur le guéridon.

ROBINSON.

Là !... maintenant, je vous laisse.

PAQUITA, à part.

Enfin !...

ROBINSON.

Bonsoir, les amoureux !...

CABILLOT et PAQUITA, avec impatience.

Bonsoir ! bonsoir !

Robinson sort avec le garçon. — On entend donner un tour de clef.

SCÈNE III

CABILLOT, PAQUITA.

CABILLOT.

Tiens !... il nous enferme !

PAQUITA, à part.

Impossible de m'esquiver à présent !

CABILLOT, à part.

Sapristi !... si je lui dis que je suis un homme, ce gaillard-là va crier... et l'on me flanquera dehors !

PAQUITA, à part.

Si je lui avoue que je suis une femme, cette grande niaise est capable de faire un esclandre... je serais perdue!...

CABILLOT, à part.

Quel embarras!...

PAQUITA, à part.

Quel parti prendre?

Un silence. — Ils se regardent et se tournent le dos.

CABILLOT, à part.

Et dire que voilà un lit... un lit très-douillet, qui me tend ses draps... et que je ne peux pas en user!... Tantale, quoi!... le Tantale du traversin!

PAQUITA, à part.

Bah!... une mauvaise nuit est bientôt passée! le mieux est de me taire et de prendre patience!

CABILLOT, examinant le logis.

Très-coquette la chambre des mariés!... quel dommage que je n'y sois pas seul!... (Ses yeux s'arrêtent sur les tableaux.) L'Amour et Psyché!... Daphnis et Chloé!... musée de circonstance... Toujours pratiques, ces Américains!

S'apercevant que Paquita qui suit aussi ses mouvements, regarde aussi les tableaux, il les retourne.

PAQUITA, à part.

Elle retourne les tableaux!... (Riant.) Ah! ah! quelle pudeur!...

CABILLOT, à part.

Ça n'aurait qu'à lui monter la tête!... (Un silence.) Il n'est pas causeur, le jeune homme!. . pourtant c'est à lui d'entamer le colloque, moi, je suis la demoiselle.

PAQUITA, à part.

Drôle de tête-à-tête! (Toussant.) Hum!

CABILLOT, vivement.

Vous avez dit?

PAQUITA.

Rien.

CABILLOT.

Ah ! (*A part.*) Décidément il manque d'entrain... Rompons la glace !... (*Haut et d'une voix flûtée.*) Est-ce que vous n'avez pas faim, vous, jeune homme ?

PAQUITA.

Et vous ?

CABILLOT.

Moi ?... j'avoue que je mangerais volontiers un morceau.

PAQUITA.

Ma foi, moi aussi.

CABILLOT.

Eh ! bien, asseyons-nous... et soupons !...

PAQUITA.

Soupons !... je veux bien... (*A part.*) Ça fera passer le temps.

CABILLOT, *à part.*

A défaut de sommeil, substantons-nous !... ça me tiendra éveillé.

Ils s'asseyent chacun d'un côté du guéridon, et se regardent sans toucher aux plats.

CABILLOT.

Eh bien ! vous ne servez pas ?

PAQUITA, *à part.*

Au fait, c'est à moi de... (*Il découpe.*) Une tranche de ce pâté ?

CABILLOT.

Volontiers !... j'adore le pâté !...

Il mange.

PAQUITA, *à part.*

C'est une belle fourchette !

CABILLOT.

Pristi !... comme c'est épicé !...

PAQUITA, *après avoir goûté au pâté.*

C'est vrai... on n'a pas ménagé le gingembre.

CABILLOT, *à part.*

Ça va l'incendier ! (*Haut.*) Ne mangez pas de ça !...

PAQUITA.

Mais, si!... Pourquoi donc?

CABILLOT, prenant la bouteille et versant.

Buvez alors!... un doigt de vin.... avec beaucoup d'eau... (A part.) Ça l'éteindra!

PAQUITA.

Eh! bien, et de l'eau?...

CABILLOT.

Ils n'ont pas mis de carafe.

PAQUITA, après avoir bu.

Il est très-capiteux, ce vin-là.

CABILLOT.

Trop capiteux!... ne buvez pas!

PAQUITA.

Vous voulez donc que j'étouffe?

CABILLOT.

Mais, petit malheureux, ça vous mettra la tête à l'envers.

PAQUITA.

Ne craignez rien... j'ai la tête solide.

CABILLOT, à part.

Il me fait trembler!...

PAQUITA, gaîment.

Allons, la rosière, buvons.

CABILLOT.

Modérez-vous!...

PAQUITA.

Laissez-donc!

Elle se lève, son verre à la main.

Air : *Du bouton perdu.*

I

Ce vin qui petille.
Ça vous émoustille;
Bientôt, grâce à lui,
S'échappe l'ennui,
De cette bouteille
La liqueur vermeille

Éloigne la peur
Et donne du cœur!
Avec cette fiole,
Tout souci s'envole,
Ce philtre enchanté
Nous rend la gaîté!
Buvons tous deux, buvons encor
Ce doux nectar aux reflets d'or!

REPRISE ENSEMBLE.

Buvons tous deux
Etc., etc.

PAQUITA.

II

De cette chambrette
Modeste et simplette,
Le pouvoir du vin
Fait un nid divin.
Oui, le décor change
Et tout se dérange
Au regard grisé
De ton fiancé.
O fiole magique,
Nectar fantastique,
J'aime et je maudis
Tes flots de rubis!
Buvons tous deux, buvons encor
Ce doux nectar aux reflets d'or!

REPRISE ENSEMBLE.

CABILLOT, à part.

Pristi!... que j'ai envie de dormir!... Ma foi, j'ai bien envie de lui avouer.

PAQUITA, se remettant à table.

Eh bien! vous ne mangez plus!... A quoi pensez-vous donc?...

CABILLOT, à part.

Bah! au petit bonheur!... je me risque!... (Haut.) Dites donc, jeune homme?...

Il se lève.

PAQUITA.

Quoi ?

CABILLOT.

Vous avez l'air d'un brave garçon...

PAQUITA.

Eh bien ! après ?

CABILLOT.

Eh bien ! ça m'encourage à vous faire un aveu.

PAQUITA, *se levant.*

Un aveu ?

CABILLOT.

Vous avez cru épouser une rosière...

PAQUITA.

Dame !

CABILLOT.

Je dois vous prévenir qu'il y a erreur.

PAQUITA, *éclatant de rire.*

Ah ! ah ! ah !... vous n'êtes pas ?... Ma foi, je m'en doutais...

CABILLOT.

Vraiment ? (*A part.*) C'est un roublard !

PAQUITA.

Je me disais : Il est invraisemblable qu'à son âge...

CABILLOT.

... Je n'aie pas déjà effeuillé quelques marguerites ?

PAQUITA.

Et qu'elle ait des droits à la rose de Nanterre.

CABILLOT.

Parbleu !... mon sexe s'y oppose...

PAQUITA.

Hein ?... Comment, votre sexe ?...

CABILLOT.

Celui qui se fait la barbe... je suis un homme.

PAQUITA.

Un homme !...

Elle s'éloigne vivement.

CABILLOT.

Prosper Cabillot, un Français, venu pour l'Exposition.

PAQUITA.

Et pourquoi ce déguisement?

CABILLOT.

Uniquement pour avoir un lit.

PAQUITA.

Eh! quoi, c'est pour ça ?

CABILLOT.

Je ne vous cache pas que je tombe de sommeil, et, ma foi, comme,entre hommes, on ne se gêne pas...

Il s'approche du lit.

PAQUITA.

Comment?... que voulez-vous faire?

CABILLOT.

Me coucher, parbleu!

PAQUITA.

Vous coucher!... Non pas!... je vous le défends.

CABILLOT.

Est-ce que vous auriez la prétention de garder le lit pour vous seul?...

PAQUITA.

Mais non...

CABILLOT.

Alors je me couche... et vous êtes libre d'en faire autant...

PAQUITA.

Moi ?

CABILLOT.

La couchette n'est pas très-large, mais en nous serrant un peu...

PAQUITA, à part.

Merci! (Cabillot commence à dégrafer son corsage. — Haut.) Monsieur!... monsieur!... ne vous déshabillez pas devant moi!...

CABILLOT.

Est-il puritain!... Qu'est-ce que ça fait?... entre hommes!

PAQUITA, à part.

Impossible de lui dire que je suis une femme!

CABILLOT, se déshabillant.

Allons, allons, couchons-nous!...

PAQUITA.

Mais non!... mais non!... (On entend agiter violemment la porte.) Ah! mon Dieu! ce bruit...

CABILLOT.

Encore un gêneur!... qui ça peut-il être?

Il disparaît derrière les rideaux; la porte s'ouvre brusquement et Caramba paraît.

SCÈNE IV

LES MÊMES, CARAMBA.

CARAMBA.

C'est elle!... enfin!

PAQUITA, à part.

Ciel!... mon mari!...

CARAMBA.

Vous ici!... sous ce costume masculin!

CABILLOT, à part, passant sa tête par les rideaux.

C'est le forcené de tantôt!

CARAMBA.

Répondez!... Pourquoi cette fugue, madame?

CABILLOT, à part.

C'est une femme!... Pristi! si j'avais su...

CARAMBA.

Vous gardez le silence!... mais vous êtes donc coupable?

PAQUITA.

Coupable?... Non, non. . détrompez-vous!

CARAMBA, apercevant le guéridon où sont les restes du souper.

Mais vous n'êtes pas seule ici?...

PAQUITA.

Pas seule?...

CARAMBA.

Voilà deux couverts.

CABILLOT, à part.

Il sent la chair fraîche, le cannibale!

PAQUITA, reprenant un peu d'assurance.

N'allez-vous pas être jaloux d'une femme?

CARAMBA.

Une femme?

PAQUITA.

Eh! bien, oui, une femme, avec laquelle, vu l'encombrement de l'hôtel, je partageais cette chambre et ce souper.

CARAMBA.

Hum!... est-ce vrai, cela?

PAQUITA.

Voyez plutôt!...

Elle va tirer les rideaux du lit.

CABILLOT, à part.

Pincé!...

PAQUITA.

Approchez, mademoiselle, et dites à mon mari...

CABILLOT, tout tremblant et d'une voix flûtée.

Une faible jeune fille, cher monsieur, c'est moi qui ai eu la rose...

CARAMBA, un peu plus calme.

En effet... je reconnais ce masque!

CABILLOT, vexé et à part.

Ce masque!...

CARAMBA, à Paquita.

Ah! il est fort heureux que ce soit une femme! Si je vous eusse surprise avec un homme, son affaire était toisée... je lui cassais la tête.

CABILLOT, à part.

Saperlotte!... j'en ai froid dans le dos.

Il tombe sur une chaise.

CARAMBA.

Elle se trouve mal!... Dégrafons-la!

CABILLOT, vivement.

Non, non, merci!... ça va mieux!... (A part.) Il ne manquerait plus que ça pour qu'il découvre!...

SCÈNE V

LES MÊMES, PIBROK.

PIBROK, paraissant à la porte et à part.

Je crois qu'il y a du grabuge!

CARAMBA, l'apercevant.

Le détective!

CABILLOT, à part.

Encore cet intrus!

PIBROK, bas à Caramba.

Est-ce qu'on vous a pris quelque chose?

CARAMBA.

Qui ça?

PIBROK, bas et désignant Cabillot.

Eh bien! lui.

CARAMBA.

Cette femme ?

PIBROK.

Eh ! non, c'est un homme.

CARAMBA, avec colère.

Un homme !

PAQUITA, à part.

Je suis perdue !

CABILLOT, à part.

Il va me scalper !

CARAMBA, tirant deux revolvers de ses poches.

Ah ! misérable !

CABILLOT, effrayé.

Sapristi !... fuyons !...

Il court vers la porte ; mais Caramba se place devant, en ajustant Cabillot avec ses revolvers.

CARAMBA.

Tu ne sortiras pas d'ici vivant !

PAQUITA.

Arrêtez !...

CABILLOT.

Comment lui échapper ?

Il court ahuri de tous les côtés ; Caramba fait feu.

CARAMBA.

Tiens !

CABILLOT, poussant un cri.

Ah !

Il saute par la fenêtre.

SCÈNE VI

CARAMBA, PIBROK, PAQUITA, LES OUVRIÈRES, GARÇONS D'HOTEL, accourant.

CHŒUR.

Air : *J'ai visité le Canada.*

Quel est donc ce tapage-là?
Pourquoi ce bruit, ce brouhaha?
Pourquoi ce remue-ménage ?
Ah! quel étrange mariage!
Il faudrait savoir si l'on va
Toute la nuit fair' ce train-là?

Pendant le chœur et à la faveur du tumulte, Paquita se glisse derrière la foule et s'esquive.

ROBINSON.

Encore cet enragé! (A Caramba.) Comment, vous osez déranger les nouveaux mariés!

CARAMBA.

Hein! quels mariés?

ROBINSON, regardant de tous les côtés.

Eh bien! où sont-ils donc?

CARAMBA.

Je n'ai trouvé ici que ma femme.

TOUS.

Sa femme!

ROBINSON.

La rosière, votre femme?

CARAMBA.

Eh! non, le jeune homme...

ROBINSON.

Le jeune homme était une femme!...

CARAMBA.

La mienne... enfermée avec un escogriffe travesti en rosière.

ROBINSON.

La rosière était un homme !

CÉSARINE.

Mais oui, notre patron.

OLYMPE.

Monsieur Cabillot.

ROBINSON.

Et je l'ai couronné !

GEORGINA.

Qu'en avez-vous fait ?... qu'est-il devenu ?

PIBROK.

Il a sauté par la fenêtre.

TOUS.

Par la fenêtre !

Les jeunes filles courent à la fenêtre et regardent au dehors.

GEORGINA.

Mais je ne le vois pas !

PIBROK.

Il s'est échappé ?

CARAMBA, regardant autour de lui et bousculant tout le monde.

Eh bien ! et Paquita ?. . ma femme ?... encore partie !... Ah ! courons !...

PICROK, à part.

Il a de l'avance, le filou... mais j'ai du flair !...

Tous les deux s'élancent vers la porte, se rencontrent et se heurtent violemment; Caramba disparait. Pibrok roule à terre en poussant un cri.

REPRISE DU CHOEUR.

Le rideau baisse.

ACTE TROISIÈME

Quatrième Tableau

Une salle de spectacle. — Le rideau est baissé.

SCÈNE UNIQUE

LE MARCHAND DE JOURNAUX, dans la salle, criant :

Le programme du concert! .. les journaux du soir !... demandez !

ROBINSON, paraissant à l'orchestre du public.

Fauteuil 17... Pardon, messieurs, veuillez me permettre... (Gagnant sa place.) En ma qualité de shériff, je viens assister au concert, et présider le banquet que la ville de Philadelphie offre au célèbre maëstro parisien ! (Prenant possession de son fauteuil et se tournant vers le public.) Ah! ah! jolie salle... Des femmes charmantes... Le maëstro sera content... il aime, dit-on, les femmes charmantes.

MISS CROKETT, paraissant à l'entrée de la première galerie, côté gauche, et parlant à la cantonade.

Au milieu de la galerie?... sur le devant? Very well!... (Au public en passant.) Mille pardons de déranger vô.

ROBINSON, à part.

Tiens ! c'est cette vieille folle de miss Crokett...

MISS CROKETT, passant avec difficulté.

Aôh !... cette passage était bien étroit !...

ROBINSON, à part.

Étroit ? c'est elle qui est trop volumineuse !

MISS CROKETT, à un spectateur qui se lève pour la laisser passer.

Monsieur !... monsieur !... vous pincez moà !... Aoh ! shoking !...

Elle s'assied.

ROBINSON, à part.

On l'a pincée !... ça doit être un myope !

PUPAZZI, à la porte de la première galerie, côté droit.

C'est ici, venez !...

VANDER-PAFF.

Entrez, mesdemoiselles !...

BOURA-KHAN.

Veuillez prendre place !... il y a des petits bancs.

Les cinq jeunes filles entrent à la première galerie, premier rang, et se placent — Les trois hommes s'asseyent derrière elles.

GEORGINA.

Tiens ! c'est très-gentil ici !...

VIRGINIE.

Nous serons très-bien pour voir.

CÉSARINE.

Et pour être vues.

ROSETTE.

Soignons l'étalage !

ROBINSON, les apercevant et à part.

Mes locataires avec les petites Parisiennes !

OLYMPE.

Regarde donc, Georgina, on dirait d'un théâtre de Paris.

ROSETTE.

Oh ! tout à fait ! c'est curieux !

GEORGINA.

Cette salle ressemble comme deux gouttes d'eau à celle de l'Ambigu.

PUPAZZI.

A l'Ambigou ?

GEORGINA.

Un théâtre du boulevard Saint-Martin.

VIRGINIE.

Mais, à propos, que sont donc devenus ces autres messieurs ?

VANDER-PAFF.

Vos cavaliers ?... Ils sont allés retenir des places pour le banquet.

LES JEUNES FILLES.

Le banquet !...

GEORGINA.

Il y a un banquet ?

BOURA-KHAN.

Certainement, mesdemoiselles.

PUPAZZI.

Oun banquet par souscrittion...

BOURA-KHAN.

Auquel nous comptons bien vous faire assister.

VIRGINIE.

Ah ! quel bonheur !...

OLYMPE.

On soupera !...

CÉSARINE.

Fête complète alors ?...

GEORGINA.

Musique et gobichonnage... Tous les plaisirs à la fois !...

MISS CROKETT, à part.

Gobichonnage, aoh !... Ces petites Parisiennes avaient mauvais ton !...

CABILLOT, entrant à la première galerie de face et cherchant sa place ; il a repris ses habits d'homme.

Stalle numéro 22 !... ah ! la voici... (S'asseyant dans un fauteuil sur le devant de la galerie.) Ouf !... enfin, je respire !

GEORGINA, l'apercevant, et bas aux autres jeunes filles.

Eh !... c'est monsieur Cabillot !...

VIRGINIE.

Monsieur Cabillot! où ça?

GEORGINA.

Là-bas en face.

LES JEUNES FILLES.

Mais oui... c'est lui!...

MISS CROKETT, le voyant et à elle-même.

Le beau Parisien!

PIBROK, qui vient d'entrer à la seconde galerie, côté gauche.

Et moi aussi, me voilà!

CABILLOT, à part.

Sapristi!... quelle course!... quelle algarade!... (S'essuyant le front avec son mouchoir.) Je n'ai pas un fil de sec!...

PIBROK, à part.

Il vient ici pour exercer ses talents, mais je le guigne!

CABILLOT, regardant la salle et apercevant les jeunes filles.

Ah ça! mais je n'ai pas la berlue... ce sont mes ouvrières!

VIRGINIE, bas aux autres jeunes filles.

Il nous a vues!...

CABILLOT.

Vous ici, mesdemoiselles, en compagnie de ces étrangers?

GEORGINA.

Mon Dieu, oui, nous ne savions ce que vous étiez devenu.

CÉSARINE.

Et, en votre absence, nous voyant sans guide, sans cavalier...

OLYMPE.

Ces messieurs nous ont galamment proposé de nous conduire au concert.

CABILLOT.

Et vous avez accepté?

GEORGINA.

Sans doute!... nous ne pouvions y aller seules..

ROSETTE.

Ce n'eût pas été convenable...

TOUTES LES JEUNES FILLES.

Oh! non!

GEORGINA.

Enchantée de vous retrouver sain et sauf.

CABILLOT.

C'est bien, c'est bien... plus tard nous recauserons de ça!

ROBINSON, l'apercevant.

Mais c'est ma fausse rosière!... (Se levant et à Cabillot.) Comment, vous voilà ici, vous?

CABILLOT.

Hein? qui est-ce qui m'interpelle?

ROBINSON.

Moi! en bas... à l'orchestre.

CABILLOT.

L'hôtelier!...

ROBINSON.

Vous ne vous êtes donc pas blessé?

CABILLOT.

Blessé?...

GEORGINA.

En sautant par la fenêtre.

MISS CROKETT.

Par la fenêtre!... Aôh!...

PIBROK.

Paraît que vous êtes comme les chats... vous retombez sur vos pattes.

CABILLOT, à lui-même.

Encore ce particulier!... (Haut.) J'ai été accroché par ma robe à la balustrade du balcon.

PIBROK.

En voilà une chance de pendu!

CABILLOT.

Je me suis décroché, je suis rentré à l'hôtel, et dans mes habits... mais voilà qu'en sortant, je me trouve nez à nez avec l'homme aux revolvers.

ROBINSON.

Le Mexicain?...

CABILLOT.

Il me guettait, le gueux!... alors commence entre nous une course échevelée... une chasse à l'homme.

ROBINSON.

Il était le chasseur...

CABILLOT.

Et moi le gibier!... Heureusement j'ai de bonnes jambes... et, apercevant ce théâtre ouvert, je m'y suis jeté comme sur une planche de salut.

GEORGINA, *d'un air de compassion.*

Ah! ce pauvre Cabillot!...

OLYMPE.

En voilà des aventures cocasses!

MISS CROKETT.

Mon compliment, jeune étranger.

CABILLOT.

Hein! quoi?... (*La reconnaissant et à part.*) La vieille toquée!

MISS CROKETT.

Je ne comprenais pas grand' chose à ce que vô venez de conter, mais c'est égal, je félicitais vô de toute mon cœur.

CABILLOT.

Merci. (*A part.*) Elle est assommante, cette fille majeure! (*Haut.*) Enfin, j'espère qu'il aura perdu ma piste, et que je vais pouvoir souffler un peu.

PAQUITA, *entrant précipitamment à la galerie et désignant le fauteuil vide à côté de Cabillot. — Elle est en femme.*

Monsieur!... ce fauteuil est-il occupé?

CABILLOT.

Ce fauteuil? je ne crois pas.

PAQUITA.

Alors, je le prends.

Elle s'assied.

CABILLOT, la regardant.

Ah! mon Dieu!...

PAQUITA, le reconnaissant.

Ah! bah!

CABILLOT.

La Mexicaine!...

PAQUITA.

Mon copin de chambre!

ROBINSON, à lui-même.

Le faux Jackson!...

CABILLOT, avec effroi.

Madame! madame! vous ne pouvez rester là!

PAQUITA.

Pourquoi donc?

CABILLOT.

Votre voisinage me compromet... Après notre tête-à-tête nocturne, si l'on nous surprenait ensemble...

MISS CROKETT, à part.

Il connaît cette femme...

CABILLOT, à Paquita.

De grâce... partez! allez-vous-en!

PAQUITA.

M'en aller! quitter cette salle... quand mon mari rôde dans les alentours!...

CABILLOT, effrayé.

Votre mari!...

PAQUITA.

Je n'ai eu que le temps, pour lui échapper, de me réfugier dans ce théâtre!..

CABILLOT.

Grand Dieu !... mais s'il entrait...

PAQUITA.

Vous me défendrez.

CABILLOT, bondissant.

Moi !...

PAQUITA.

Vous le devez !... c'est vous qui m'avez compromise.

MISS CROKETT, à part.

Compromise ! il l'avait compromise !

CABILLOT, à Paquita.

Pourtant, madame, permettez...

Bruit en dehors, à l'orchestre.

CARAMBA, à l'entrée de l'orchestre.

Démonio !... j'entrerai !...

PAQUITA.

Ciel ! cette voix...

LE MARCHAND DE JOURNAUX, à Caramba.

Mais puisqu'on vous dit que tout est loué !...

CARAMBA, le repoussant et entrant.

Va-t'en au diable !...

PAQUITA, bas.

Mon mari !

CABILLOT, de même.

L'anthropophage !

ROBINSON, à Caramba.

Mais faites donc attention !... vous me bousculez...

CARAMBA.

Qu'est-ce que ça me fait ?...

CABILLOT, à part.

Lui ici !... mon sang se fige !

PAQUITA, à part.

Pourvu qu'il ne nous aperçoive pas !...

ROBINSON, à Caramba qui s'assied dans un fauteuil à côté du sien.

Vous vous asseyez sur mon chapeau!...

CARAMBA.

Eh ! reprenez-le votre chapeau.

Il le lui rend tout aplati.

ROBINSON.

Allons, bon! c'est une galette!...

CARAMBA.

Je cherche ma femme! l'avez-vous vue?...

ROBINSON.

Moi?...

CARAMBA, regardant de tous côtés.

Elle est ici, je le parierais... (Apercevant Paquita et jetant un cri.) Ah! c'est elle... avec son séducteur!...

PAQUITA, bas à Cabillot.

Il nous a vus!...

CABILLOT, à part.

Sapristi!

ROBINSON, à Caramba qui passe brusquement devant lui.

Aïe!... vous m'écrasez les pieds!...

CARAMBA.

Il fallait les déposer au vestiaire!

Il s'élance hors de l'orchestre.

ROBINSON.

Satané Mexicain!...

PAQUITA, à Cabillot.

Vite, vite, partons!...

CABILLOT.

Partir! je n'ai plus de jambes!

PAQUITA.

Quelle poule mouillée! venez donc!...

Elle l'entraîne. Ils disparaissent.

GEORGINA.

Eh bien! en voilà des histoires!

MISS CROKETT.

Pauvre jeune homme! pourvu que ce bête fauve ne détériore pas lui!

PIBROK.

Calmez-vous, femme sensible!... c'est un malin!..

MISS CROKETT.

N'importe! je sentais moâ troublée... émue...

PIBROK, criant.

Garçon!... un bock à mademoiselle!

MISS CROKETT.

Un bock!... par exemple! me prenez-vous pour une habituée de brasserie?

LE MARCHAND DE JOURNAUX, criant, à l'orchestre.

Le programme du concert! les journaux du soir!...

CARAMBA, entrant précipitamment à la première galerie.

Où sont-ils? où sont-ils?... (Voyant les deux fauteuils vides.) Comment! plus personne!... disparus!...

ROBINSON.

Trop tard, mon brave homme! le train est parti.

GEORGINA.

Les oiseaux sont dénichés.

CARAMBA.

Dénichés!... démonio!..

Il s'élance hors de la galerie.

PIBROK, riant.

Ah! ah!... il m'amuse le chasseur de buffles!...

Les musiciens accordent leurs instruments.

PUPAZZI.

Ah! voilà les musiciens qui s'accordent...

VANDER-PAFF.

Le concert va bientôt commencer.

LES JEUNES FILLES.

Ah! bravo!

CÉSARINE.

J'adore la musique des Bouffes.

Le rideau d'avant-scène se lève à moitié.

GEORGINA.

Tiens, on lève le rideau !...

Le régisseur, en noir, cravate blanche, paraît sur le théâtre, s'avance et fait au public les trois saluts d'usage.

ROBINSON.

Le régisseur !...

BOURA-KHAN.

Qu'est-ce qu'il vient nous chanter ?

LE RÉGISSEUR, *au public.*

Mistress et gentlemen...

PIBROK.

Une annonce !... est-ce que la contre-basse est enrhumée ?..

ROBINSON.

Silence ! écoutons !...

LE RÉGISSEUR.

Le célèbre compositeur parisien qui devait, ce soir, diriger l'orchestre et faire exécuter plusieurs morceaux de son brillant répertoire, vient d'être pris d'une rage de dents...

PUPAZZI.

Diavolo !... oun anicroce !...

OLYMPE.

Une indisposition !...

ROBINSON.

Comme ma rosière !...

LE RÉGISSEUR.

Il me prévient, par un billet que je reçois à l'instant, qu'il lui est impossible de se rendre au théâtre.

LES SPECTATEURS, *murmurant.*

Oh !...

LE RÉGISSEUR.

J'ai donc l'honneur de vous annoncer qu'à notre grand regret, le concert est remis à un autre jour.

Nouveaux murmures.

LES SPECTATEURS.

Oh ! oh !

PUPAZZI.

Ma, per Bacco ! nous avons payé !...

LE RÉGISSEUR.

Aussi, la direction, fidèle à ses engagements envers le public, a décidé que chaque personne, en sortant, recevrait...

BOURA-KHAN.

Son argent ?...

LE RÉGISSEUR.

Non, messieurs, les billets une fois pris, on n'en rend pas la valeur... mais vous recevrez un ticket qui vous donnera le droit d'entrer le jour où le concert aura lieu.

Explosion de murmures.

MISS CROKETT.

Aoh !...

VANDER-PAFF.

C'est un peu fort, savez-vous?

GEORGINA.

Elle est bonne celle là !...

ROBINSON.

Nous avoir dérangés pour rien !

PUPAZZI.

Ça ne sé passéra pas comme ça !

TOUS LES PERSONNAGES DE LA SALLE.

Non ! non !

LE RÉGISSEUR.

Mais, messieurs, je vous répète que notre maëstro...

PUPAZZI.

Bast!... oune ragé dé dents ! la belle excousé...

ROBINSON.

Envoyez-le chercher !...

PUPAZZI.

Nous sommes vénous per l'entendre, et nous l'entendrons !...

BOURA-KHAN.

Oui, oui, qu'il vienne !...

VANDER-PAFF.

En robe de chambre, s'il veut, mais qu'il vienne !

TOUS, criant en frappant des pieds.

Le maëstro !... le maëstro !... le maëstro !

CABILLOT, travesti en maëstro, entrant à l'orchestre des musiciens et avec un léger accent.

Me voilà, messiés, me voilà !

TOUS.

Ah !

LE RÉGISSEUR.

C'est lui !...

CABILLOT.

Oui, me sentant un peu mieux, je n'ai pas voulu priver le public du plaisir de ma présence.

TOUS, applaudissant.

Bravo ! bravo !

CABILLOT, debout sur le fauteuil du chef d'orchestre et saluant.

Mesdames... messiés... je suis charmé de votre accueil... (A part.) C'est moi... j'ai trouvé ce moyen de me dérober à mon jaguar !...

CARAMBA, à l'entrée de la seconde galerie.

Où sont-ils, les misérables ?...

ROBINSON.

Silence donc !...

TOUS LES PERSONNAGES DE LA SALLE.

A la porte !... à la porte !...

Caramba disparaît.

CABILLOT, à part.

Il me cherche, le brigand. (Haut.) Monsieur le régisseur?...

LE RÉGISSEUR.

Maëstro ?...

CABILLOT, écrivant sur une feuille de son calepin.

Veuillez faire porter cette note au télégraphe. (Écrivant.) « Au *Figaro*, Paris .. avec prière de ne pas imprimer... » Réception chaleureuse... applaudissements multipliés. » (Donnant la feuille au régisseur.) Allez !... (Le régisseur salue et se retire, on baisse le rideau. — Cabillot prend sur le pupitre son bâton de chef d'orchestre, puis se retournant vers les musiciens.) A nous, messiés !... commençons ! (Il bat la mesure. — L'orchestre joue l'air de la fille de madame Angot : *Pas bégueule, forte en gueule.* — Cabillot frappe de son bâton pour interrompre.) Hein ! qu'est-ce que vous jouez là?... Ça n'est pas ma misique... c'est la fille Angot... ça n'est pas ma misique !... (Il bat la mesure; l'orchestre joue l'air : *De la mère Angot je suis la fille.*) Encore cette fille Angot !... (Frappant de son bâton.) Assez ! assez !... (L'orchestre s'arrête. — Appelant.) Messié le régisseur?

LE RÉGISSEUR, passant la tête par le trou du souffleur.

Maëstro?...

CABILLOT.

Mais ce n'est donc pas ma misique qu'on a mise sur les pipitres de ces messiés ?...

LE RÉGISSEUR.

Pardon, maître... votre musique est dessous.

CABILLOT.

Ah ! très-bien!... (Au public.) Jalusie de confrères! mes grands succès me font tant d'ennemis !.. (Aux musiciens.) Allons, messiés!... Et cette fois, plis d'erreurs !...

Il bat la mesure — l'orchestre joue le galop d'Orphée. — Applaudissements dans la salle.

TOUS.

Bravo!... bravo!...

CABILLOT, écrivant sur son calepin.

« Philadelphie... à *Figaro*... Tujurs avec prière de ne pas » piblier ; succès indescriptible... Douze salves applaudisse- » ments... vingt-trois rappels. » (Appelant.) Messié le régisseur ?... (Le régisseur passe de nouveau la tête par le trou du souffleur.) Faites vite telegraphier !... (Le régisseur prend le télégramme, salue et disparaît.) Attention, messiés ! Passons à un autre morceau !...

(Il bat la mesure, l'orchestre joue l'air des charlatans du Voyage dans la lune. — Tout à coup on entend un grand tumulte au cintre.) Hein?... qu'y a-t-il?...

CARAMBA, paraissant à la troisième galerie, en repoussant tout le monde.

Cornes de buffle!... laissez-moi passer!...

ROBINSON.

Encore lui!...

MISS CROKETT.

Aôh! il était tannant!

PIBROK.

Il a été mordu, c'est sûr!

TOUS LES PERSONNAGES DE LA SALLE, criant.

Silence! à la porte!

L'orchestre s'arrête.

CARAMBA.

Mais je cherche ma femme et son complice!

TOUS.

A la porte! à la porte! arrêtez-le!...

CARAMBA.

Hein? quoi?... m'arrêter!...

Deux policemen s'approchent et le prennent au collet.

TOUS, criant.

Au poste! au poste!...

Les policemen entraînent Caramba malgré sa résistance.

CABILLOT.

Enfin!...

ROBINSON.

Nous en voilà débarrassés!

GEORGINA.

Ce n'est pas malheureux!

L'orchestre reprend l'air des charlatans qui est couvert d'applaudissements frénétiques.

TOUS, applaudissant.

Bravo! bravissimo!

PUPAZZI.

Viva le grand compositor !

MISS CROKETT.

Ce était un homme de génie !...

Cabillot se lève de son fauteuil et salue le public.

LE RÉGISSEUR, *sortant du trou du souffleur.*

Mistress et gentlemen, veuillez passer sur le théâtre pour le banquet...

TOUS.

Le banquet !...

ROBINSON, *à Cabillot.*

Venez, maëstro !...

CABILLOT, *à part.*

Pas moyen de refuser !...

TOUS.

Au banquet !... au banquet !

Ils quittent la salle. — L'orchestre joue une polka. — Puis le rideau se lève.

Cinquième Tableau

Décoration brillante de jardin. — Banderolles et drapeaux de diverses nations, principalement français et américains. — Au milieu du théâtre, une grande table en fer à cheval richement servie. — Des vases de fleurs, des candélabres allumés, des seaux de glace contenant des bouteilles de champagne, des corbeilles de fruits et de pâtisserie; etc., etc.

SCÈNE PREMIÈRE

ROBINSON, CABILLOT, PIBROK, PUPAZZI, VANDER-PAFF, BOURA-KHAN, PAQUITA, MISS CROKETT, GEORGINA, CÉSARINE, OLYMPE, VIRGINIE, ROSETTE et DES INVITÉS.

Au lever du rideau, les personnages sont assis autour de la table dans l'ordre suivant : Robinson au milieu, ayant à sa droite Cabillot, et à sa gauche Georgina. Près de Georgina, Vander-Paff, puis Césarine et Pupazzi, Rosette, Olympe. — Près de Cabillot, Paquita, Boura Khan, Virginie, Pibrok, et miss Crokett.

CHOEUR.

Air : *De la Petite mariée.*

A ce repas charmant,
Buvons, buvons gaîment,
Et chantons, mes amis,
Gloire aux États-Unis !

ROBINSON, se levant et agitant une sonnette placée devant lui.

Messieurs et mesdames, je réclame un peu de silence.

GEORGINA, bas.

Ah ! quel gêneur !

PUPAZZI.

Le silence !... Et perché ?

ROBINSON.

Le moment est venu de porter les toasts.

TOUS.

Les toasts !...

MISS CROKETT, se levant.

Oh ! yes, yes !... toastons !... je demande à toaster !...

PIBROK, la tirant par sa robe et la faisant retomber sur sa chaise.

Taisez-vous donc !... vous gênez l'orateur !

MISS CROKETT.

Aoh ! cette garçon était très-brutal !...

ROBINSON, après avoir agité de nouveau la sonnette.

Mesdames et messieurs, l'Amérique est heureuse de voir assis à ce banquet le compositeur incomparable... le compositeur incomparable...

PAQUITA, bas à ses voisins.

Il se répète !

ROBINSON, continuant.

Qui compte autant de succès que d'ouvrages.

TOUS, applaudissant.

Bravo !

ROBINSON.

Chaque citoyen de l'Union sera fier d'avoir contemplé l'illustre maëstro qui... l'illustre maëstro qu'est...

PAQUITA, bas.

Va, va !... barbote !...

ROBINSON.

Pardonnez-moi de ne pas célébrer plus longuement sa gloire, l'émotion que j'éprouve me coupe la parole... (Levant son verre.) Au maëstro !...

TOUS, de même.

Au maëstro !...

PAQUITA, à Cabillot.

A vous, maintenant.

CABILLOT.

A moi ?...

PIBROK.

Oui, allez-y d'un speech !

CABILLOT.

Faut que je fasse un discours ?

PAQUITA.

Certainement !... l'usage est de répondre.

CABILLOT, à part.

Qu'est-ce que je vais leur dire ?

PAQUITA.

Allez donc !...

CABILLOT.

Voilà ! (Se levant.) Messiés et mesdames... la misique est le lien des nations... ce qui unit les nations, c'est la misique.

TOUS, applaudissant.

Bravo !...

CABILLOT.

On a dit de messié Wagner que c'était le musicien de l'avenir, ça n'est pas vrai !... le musicien de l'avenir, c'est moi... la misique de l'avenir, c'est ma misique.

Il boit.

TOUS.

Bravo !... bravo !...

PIBROK, à part.

C'est drôle, plus je le regarde... voilà un nez que j'ai déjà vu quelque part.

CABILLOT.

J'aime beaucoup l'Amérique... l'Amérique est la sœur de la France... Comme l'a dit un célèbre poëte, la France et l'Amérique sont deux grandes mains qui se donnent un baiser fraternel par-dessus l'Atlantique.

TOUS.

Bravo !... bravo ! hurrah !

On trinque.

CABILLOT, se rasseyant.

Ouf !...

PUPAZZI.

Souperbe discours !

MISS CROKETT.

Yes !... siouperbe !... beautiful !

VANDER-PAFF.

J'aime surtout la péroraison... les deux grandes mains qui s'embrassent par-dessus l'Océan...

BOURA-KHAN.

C'est une belle image.

PUPAZZI.

Si, si,... très-belle image !

CÉSARINE.

Ah ! ça, maintenant, il faudrait chanter quelque chose.

TOUS.

Oui, oui, une chanson !

VANDER-PAFF.

A vous, charmante Georgina !

GEORGINA.

A moi ? volontiers !

CABILLOT, à part.

Charmante Georgina !... Oh ! je bisque !

GEORGINA, se levant et annonçant le titre de la chanson.

L'Exposition de Philadelphie, chanson nouvelle. (Aux musiciens de l'orchestre.) Allons-y, mes petits pères !

I

Air : *Il était un de mes aïeux.* (*Grande-Duchesse*, 3e *acte.*)

Philadelphie est un bazar
Où chacun vient loger et boire;
A ce festin de Balthazar,
De ce pays chantons la gloire!

TOUS.

A ce festin de Balthazar,
De ce pays chantons la gloire!

GEORGINA.

Chaque étranger y trouve accès,
On fraternise, on gobichonne,
C'est comme chez les Écossais
Où l'hospitalité se donne.

TOUS.

C'est comme chez les Écossais
Où l'hospitalité se donne.

GEORGINA.

Buvons champagne et marasquin,
Au grand bazar américain!

TOUS.

Buvons champagne et marasquin,
Au grand bazar américain!

GEORGINA.

II

De tous les gens de l'univers
C'est le rendez-vous, la patrie;
On trouve ici bals et concerts
Près du palais de l'industrie.

TOUS.

On trouve ici bals et concerts
Près du palais de l'industrie.

GEORGINA.

En ces lieux point d'ombre au tableau
Et point d'étiquette sévère;
C'est un joyeux méli-mélo
De tous les plaisirs de la terre.

TOUS.

C'est un joyeux méli-mélo
De tous les plaisirs de la terre.

GEORGINA.

Buvons champagne et marasquin
Au grand bazar américain.

TOUS.

Buvons champagne et marasquin
Au grand bazar américain !

TOUS.

Bravo !... bravo !...

PAQUITA, se levant.

A mon tour à présent !... Réponse de la même à la même!

PIBROK.

Une politesse en vaut une autre !...

CÉSARINE.

Et abondance de chansons ne nuit pas !

TOUS.

Écoutons !... écoutons !

Tout le monde se lève et vient sur le devant de la scène.

PAQUITA.

Air : *Ronde des cent vierges. (Un vieux et riche Céladon.)*

A ce banquet plein d'abandon,
Et digue, din, don !

TOUS.

Et digue, din, don !

PAQUITA.

J'entonne gaîment un fredon,
Et digue, din, don !

TOUS.

Et digue, din, don !

PAQUITA.

En réponse au compliment dont
A l'Amérique on a fait don,
Et digue, din, don !

TOUS.

En réponse au compliment dont
A l'Amérique on a fait don !
Et digue, din, don !

PAQUITA.

I

L'Amérique, en fait de cocagne,
A la France donne la main ;
Si de la France le terrain
Produit la truffe et le champagne,
Du nôtre est venu le dindon,
Et digue, din, don!

TOUS.

Et digue, din, don !

PAQUITA.

Dont on aime le gros bedon,
Et digue, din, don!

TOUS.

Et digue, din, don!

PAQUITA.

II

Entre nous, c'est un steeple-chase,
Et de plaisirs et de succès ;
Mais la palme reste au Français :
Si nous avons la gigue anglaise,
Il possède le rigodon,
Et digue, din, don !

TOUS.

Et digue, din, don !

PAQUITA.

Danse bien chère à Cupidon !

TOUS.

Et digue, din, don !

On danse sur le refrain.

ROBINSON.

Et maintenant, illustre maître, permettez-moi de vous offrir un souvenir de ce banquet.

CABILLOT.

Un souvenir ?... Quoi donc ?

ROBINSON, prenant un bâton de chef d'orchestre des mains d'un domestique.

Voici l'objet... un bâton...

CABILLOT.

De sucre d'orge ?

ROBINSON.

Non, un bâton de chef d'orchestre enrichi de pierreries... ça vaut mille dollars.

CABILLOT, bas à Paquita, qui est près de lui.

Un présent de cette valeur... je ne puis accepter...

PAQUITA.

Bah ! prenez toujours !... vous le rendrez plus tard.

CABILLOT, bas.

C'est juste ! (Haut.) Je remercie l'Amérique de son riche cadeau...

Il prend le bâton.

PIBROK, qui n'a cessé de regarder Cabillot.

Enfin, je le tiens !...

CABILLOT.

Hein !... plaît-il ?

PIBROK.

Il y a flagrant délit... je vous arrête.

TOUS.

L'arrêter !...

ROBINSON.

Lui !... le maëstro !...

PIBROK.

Allons donc !... c'est un maëstro de carton !.. Voyez plutôt !...

Il lui enlève sa perruque et sa moustache postiches.

TOUTES LES OUVRIÈRES.

Monsieur Cabillot !...

MISS CROKETT.

Le beau Parisien !...

PIBROK.

Un filou, un pick-pockett.

TOUS.

Un pick-pockett ?

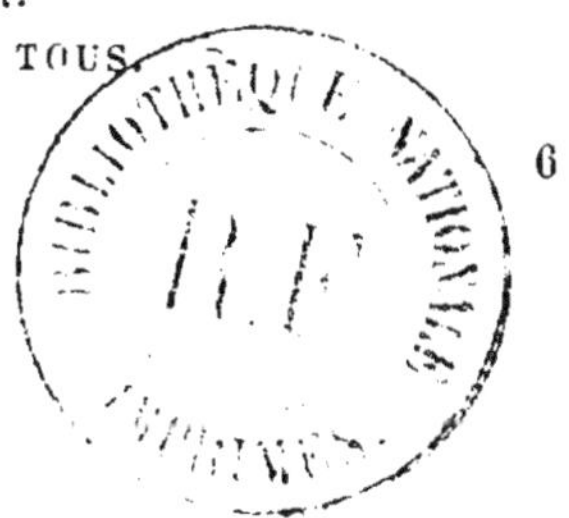

6

CABILLOT.

Moi ?... Je proteste ! il y a erreur !

TOUTES LES FEMMES.

Oui, oui, certainement !

PIBROK.

Vous vous expliquerez avec le coroner... Allons, en prison !...

MISS CROKETT.

Arrêtez !...

PIBROK.

C'est ce que je fais !

MISS CROKETT.

Vous ne conduirez pas cette jeune homme en prison.

PIBROK.

Qui m'en empêchera?

MISS CROKETT.

Moi !... je paie pour lui une caution.

TOUS.

Une caution ?...

MISS-CROKETT.

De cinq mille dollars.

ROBINSON.

Ah! c'est différent... la loi est formelle. . et jusqu'au jugement le prévenu est libre.

CABILLOT.

Le jugement ! mais sapristi ! je suis innocent!... je n'ai pris ce déguisement que pour me dérober à la fureur du mari de madame.

Il montre Paquita.

PAQUITA.

C'est vrai!.. je l'atteste !

ROBINSON.

Vous vous justifierez devant le tribunal.

CABILLOT.

Certainement, je me justifierai !... ça ne sera pas long !

PIBROK, à part.

Faudra voir !

MISS CROKETT, à part.

Jusque-là, il m'appartient... je ne le quitte plus...

SCÈNE II

LES MÊMES, CARAMBA.

CARAMBA, entrant précipitamment.

Ah ! c'est lui !... je le trouve enfin !

PAQUITA, à part.

Mon mari !...

Elle se cache derrière les jeunes filles.

CABILLOT, effrayé.

Le sauvage !

CARAMBA.

Ah ! brigand !... cette fois tu ne m'échapperas plus !

MISS CROKETT, se jetant au-devant de Caramba.

Vous n'arriverez à lui qu'en passant sur mon corps !...

CARAMBA.

Au diable cette folle !

Il la fait pirouetter et va pour s'élancer sur Cabillot.

ROBINSON, le retenant.

Respect à la loi !... cet étranger appartient à la justice.

PIBROK.

Il y a caution !

CARAMBA.

Démonio !

Reprise du refrain de la ronde : *Et dique, din, don !...* On danse autour de Caramba.

ACTE QUATRIÈME

Sixième Tableau

Une salle de l'Exposition.— Au fond, la porte d'entrée au-dessus de laquelle est cette inscription : « *Ruche parisienne*. » Tout autour de la salle, cinq comptoirs avec des vitrines où sont les objets des diverses professions des ouvrières parisiennes.

SCÈNE PREMIÈRE

GEORGINA, CÉSARINE, OLYMPE, VIRGINIE, ROSETTE, debout derrière chaque comptoir, VISITEURS et VISITEUSES, de toutes les nations, LE MARCHAND DE JOURNAUX.

CHŒUR DES OUVRIÈRES.

Air : *De la valse des lettres.* (*Grande-Duchesse.*)

A notre étalage
Venez rendre hommage,
Vite, arrêtez-vous
Ici devant nous !
Messieurs et mesdames,
Soit dit sans réclames,
Tout est curieux,
Tout est merveilleux !

CÉSARINE.

Jetez un coup œil sur chaque vitrine,
Rien de plus complet !
Regardez la coupe et l'étoffe fine
De ce mantelet !

ROSETTE.

Admirez le chic de cette bottine,
Contemplez l'objet !

ENSEMBLE.

A notre étalage
Etc.

VIRGINIE.

Regardez ces gants, ces gants jaune paille,
Dont tout élégant devra s'assortir !

OLYMPE.

Voyez ce corset qui soutient la taille
Et ses alentours sans les aplatir !

GEORGINA, *montrant un chapeau.*

Enfin ajoutez à tant de surprises
Ce joli chapeau
Qu'aux courses portaient toutes nos marquises,
Chef-d'œuvre nouveau,
Où, parmi les fleurs, parmi les cerises,
Se pose un oiseau !

ENSEMBLE.

A notre étalage
Etc.

LE MARCHAND DE JOURNAUX, *criant.*

Demandez le prospectus de la *Ruche parisienne*, avec le nom et la photographie de ces demoiselles !

VIRGINIE.

Comment, nos portraits !... on nous colporte déjà !

CÉSARINE.

On nous vend comme de simples canards !...

GEORGINA.

Bah ! laissez donc faire !... c'est encore de la réclame !...

SCÈNE II

LES MÊMES, VANDER-PAFF, BOURA-KHAN, PUPAZZI.

VANDER PAFF.

La ruche parisienne, c'est ici !...

BOURA-KHAN.

Voilà nos bayadères dans leurs petites boutiques.

PUPAZZI.

Per Bacco !... on dirait les trois Gracés en six voloumes !

Pendant ces quelques mots, les visiteurs et le marchand de journaux se sont éloignés et ont disparu par le fond.

VANDER-PAFF.

Bonjour, charmantes poulettes !

TOUTES.

Ah ! ces messieurs !...

Elles quittent leurs comptoirs.

OLYMPE.

C'est bien aimable à vous de nous rendre visite !

BOURA-KHAN.

Eh bien ! la vente, ça marche-t-il un peu?

GEORGINA.

Je crois bien !...

ROSETTE.

Nous ne pouvons suffire aux commandes.

CÉSARINE.

Les étrangers ne marchandent pas...

VIRGINIE.

Et nous vendons dans les prix forts.

PUPAZZI.

Bravo!... zé vois qué vous entendez le commerce.

GEORGINA.

Dame! faut bien faire sa petite pelote.

VIRGINIE.

Décidément, c'est une bonne idée qu'a eue monsieur Cabillot.

VANDER-PAFF.

Oui, mais l'inventeur profite rarement de son idée.

PUPAZZI.

Témoins Christophe Colomb et Améric Vespuce.

CÉSARINE.

Qu'est-ce que c'est que ça ?.. des commerçants?

LES TROIS ÉTRANGERS, riant.

Ah! ah! ah!...

VANDER-PAFF.

Non, non, pas précisément! des navigateurs!

PUPAZZI.

Ma né restons pas ici.

BOURA-KHAN.

Nous sommes venus vous chercher pour déjeuner.

LES JEUNES FILLES.

Vraiment?

VIRGINIE.

Ah! c'est gentil ça!

GEORGINA.

Voilà une attention délicate!

VANDER-PAFF.

Venez, passons au buffet!

TOUS.

Au buffet!...

SCÈNE III

LES MÊMES, CABILLOT, MISS CROKETT.

MISS CROKETT, à Cabillot qu'elle tire par le bras.

Venez donc, my dear !... vô faites remorquer vô !...

CABILLOT, à part.

Quelle scie !

GEORGINA.

Monsieur Cabillot !

BOURA-KHAN.

Avec sa caution !...

CABILLOT, à part.

Encore eux avec mes ouvrières !... (Haut.) Georgina !...

MISS CROKETT, le retenant.

Je ne voulais pas que vous parliez à ces évaporées !...

CABILLOT.

Cependant, permettez...

MISS CROKETT, voulant l'entraîner.

Suivez moâ !

GEORGINA.

Inutile de vous déranger... nous nous retirons...

CABILLOT.

Où allez-vous ?

CÉSARINE.

Déjeuner avec ces messieurs.

CABILLOT, bondissant.

Avec ces messieurs ?...

OLYMPE.

Qui sont très-gentils.

VIRGINIE.

Très-galants...

GEORGINA, avec ironie.

Je ne vous offre pas d'être des nôtres.

CABILLOT.

Georgina, je vous défends...

MISS CROKETT.

Taisez-vô !...

VANDER-PAFF.

Partons, mesdemoiselles !

LES TROIS ÉTRANGERS.

Air : *Gardez la douce espérance.* (*Moulin du Vert-Galant.*)

Nous mourons d'impatience,
De prendre un repas parfait,
Afin de faire bombance
Rendons-nous vite au buffet !

ENSEMBLE.

LES TROIS ÉTRANGERS et LES JEUNES FILLES.

Nous mourons d'impatience
De prendre un repas parfait,
Afin de faire bombance,
Rendons-nous vite au buffet !

CABILLOT.

Cristi ! je perds patience,
J'enrage, voilà le fait!
Eh! quoi, malgré ma défense,
Elles courent au buffet !

MISS CROKETT, à Cabillot.

Restez sans impatience
Auprès de moi, s'il vous plaît !
Je faisais à vô défense
De suivre elles au buffet

Les ouvrières sortent avec les étrangers.

SCÈNE IV

CABILLOT, MISS CROKETT, puis PIBROK.

CABILLOT.

Cristi ! pristi ! nom d'un petit bonhomme ! c'est trop fort... et je vais...

MISS CROKETT, *le retenant par le bras.*

Vô allez rester avec moâ...

CABILLOT.

Encore !... mais saperlotte ! je ne puis pas passer mon existence soudé à vos jupons...

MISS CROKETT.

Je avais déposé pour vô cinq mille dollars... Vô étiez mon gage, mon propriété.

CABILLOT.

Votre propriété !

MISS CROKETT.

Oh ! yes !... si vô lâchez moâ, je retirais les cinq mille dollars.

PIBROK, *qui est entré pendant les derniers mots, s'approchant.*

Et je vous colle en prison.

CABILLOT.

Ah ! bon ! à l'autre à présent !...

PIBROK.

Choisissez !

MISS CROKETT.

Mon société...

PIBROK.

Ou la paille humide des cachots.

CABILLOT, à part.

Quelle situation !... (Haut.) Mon choix est fait, j'opte pour miss Crokett.

MISS CROKETT, avec joie.

Aôh ! very well !

CABILLOT, à part.

Jusqu'à nouvel ordre !... j'aime encore mieux ça !...

PIBROK.

A propos, je sors de chez le coroner.

CABILLOT.

Le juge d'instruction ?

MISS CROKETT.

Yes, le coroner.

PIBROK.

J'ai fait ma déposition... votre affaire va bien... vous serez condamné.

CABILLOT.

Hein ?

MISS CROKETT, se récriant.

Condamné !

PIBROK.

Et j'aurai ma place.

CABILLOT, furieux.

Mais, animal, je suis innocent !

MISS CROKETT.

Oh ! yes !... je répondais de son innocence !

CABILLOT, levant la main sur Pibrok.

Et tu as osé soutenir !...

MISS CROKETT, le retenant.

Ne touchez pas loui !

PIBROK.

Laissez-le faire !... Des voies de fait, ça corsera la chose !

CABILLOT.

Cristi!... pristi!... nom d'un petit bonhomme!... Satané voyage!... Je regrette d'être venu à l'Exposition!

SCENE V

LES MÊMES, ROBINSON.

ROBINSON, entrant vivement et s'adressant à Cabillot.

Ah! vous voilà, vous!... je vous cherchais...

CABILLOT.

L'hôtelier! vous avez pour moi une chambre disponible?

ROBINSON.

Une chambre!... allons donc!... Il s'agit bien de ça! vous êtes attendu chez le juge d'instruction.

CABILLOT.

Le corone r?

MISS CROKETT.

Yes, le juge d'instruction.

PIBROK.

C'est pour l'interrogatoire.

ROBINSON.

Dépêchez-vous de vous y rendre.

CABILLOT.

Avec plaisir! (A part.) Ça me débarrasse de la vieille. (Haut.) j'y cours.

MISS CROKETT, lui prenant la main.

Je vais avec vô.

CABILLOT.

Toujours! (A part.) Quel crampon!

PIBROK.

Moi aussi, je vous accompagne!

CABILLOT, à part.

Bon !... l'une à gauche, l'autre à droite !

MISS CROKETT, à Cabillot.

Venez !...

PIBROK.

En route !...

ENSEMBLE.

Air : *Du Palanquin.* (*Barbe-Bleue.*)

CABILLOT.

Courons chez le coroner,
Il va m'absoudre, c'est clair !
Mais il m'en coûte cher,
Et j'ai mal fait de passer la mer !

MISS CROKETT.

Courons chez le coroner,
Il absoudra vô, c'est clair !
Suivez-moi, venez, cher,
Et ne craignez pas de sort amer !

PIBROK.

Courons chez le coroner,
Il vous condamn'ra, c'est clair !
Croyez-moi j'ai du flair,
Et d'un pick- pocket vous m'avez l'air !

ROBINSON.

Courez chez le coroner,
Il va tout tirer au clair !
C'est égal, j'ai du flair
Et d'un pick-pocket il a tout l'air !

Cabillot sort avec miss Crokett et Pibrok.

SCÈNE VI

ROBINSON, puis PAQUITA, et ensuite CARAMBA.

ROBINSON, seul.

Les voilà partis... A présent que le prévenu se débarbouille comme il pourra, je m'en lave les mains !... Profitons de ce moment de loisir pour visiter notre fameuse exposition... Il y a, m'a-t-on dit, des choses très-curieuses... principalement dans la section des animaux... J'ai entendu parler d'un bélier qui a deux paires de cornes... ce doit être un veuf qui s'est remarié.

PAQUITA, entrant vivement et à part.

Mon mari est sur mes talons!... (Apercevant Robinson.) Ah! monsieur le shériff, je me mets sous la protection de la loi.

Elle lui prend le bras.

ROBINSON.

La Mexicaine!... (A part.) Tiens! en parlant de bélier... (Haut.) Pardon, madame, mais une affaire importante...

CARAMBA, entrant et à part.

Je l'ai vue!... elle doit être ici... Ah! le shériff!... (S'approchant et lui prenant l'autre bras.) Monsieur le shériff, je réclame l'aide de la loi!

ROBINSON, à part.

Bon! le mari à présent!

PAQUITA, apercevant Caramba.

C'est lui!

CARAMBA.

C'est elle!

Ils font tous deux un mouvement l'un vers l'autre.

ROBINSON, les retenant.

Pas de choc!... du calme, by God! du calme!

CARAMBA, avec colère.

Madame, je vous ordonne...

PAQUITA.

Monsieur, je ne vous parle pas!... je suis sous la protection de la loi... adressez-vous à la loi!

CARAMBA, secouant Robinson dont il tient le bras.

Vous l'entendez, elle me nargue!

PAQUITA, le secouant aussi.

Vous me défendrez, n'est-ce pas?

ROBINSON, à part.

By God!...ils vont me disloquer! (Haut.) Mais ne vous agitez donc pas comme ça.

CARAMBA, à Robinson.

Monsieur le shériff, je demande à rentrer en possession de ma femme.

ROBINSON.

Bien ! (A Paquita.) Vous avez entendu ?

PAQUITA.

Je refuse.

ROBINSON.

Bon ! (A Caramba.) Elle refuse.

CARAMBA.

Je la forcerai bien à réintégrer le domicile conjugal.

PAQUITA, à Robinson.

Dites-lui que je suis décidée à demander le divorce.

ROBINSON, à Caramba.

Votre femme veut divorcer.

CARAMBA, furieux.

Divorcer ! (Donnant une forte secousse à Caramba.) Demonio !

Il lâche brusquement le bras de Robinson qui pirouette.

ROBINSON.

Ouf ! c'est éreintant !

CARAMBA.

Vous voulez divorcer ?... Eh bien ! soit ! divorçons !...

PAQUITA.

C'est mon vœu le plus cher !...

ROBINSON, à part.

Enfin les voilà d'accord !

CARAMBA.

Air : *Aussi l'monde dit-il.*

Je cède à vos vœux,
Et puisque l'on m'y force,
A l'instant je veux
Réclamer le divorce !

PAQUITA.

Que, dès aujourd'hui,
La loi souveraine

Brise enfin la chaîne
Qui m'unit à lui !
Ce lien me lasse.
Je demande en grâce
Qu'au plus vite on le casse !

CARAMBA.

On le cassera,
Le brisera,
Le cassera,
Notre joug finira
Et l'on nous séparera !

PAQUITA.

Mon désir, le voilà,
Je ne demande que ça ! (*Bis.*)

ENSEMBLE.

Oui (8 *fois*) je ne demande que ça! (*Bis.*)

Ils sortent tous deux en se menaçant.

SCÈNE VII

ROBINSON, puis CABILLOT.

ROBINSON, seul.

Ouf !... ils me laissent... Ça n'est pas malheureux... Allons faire un tour dans l'exposition. (Il va pour sortir et se cogne avec Cabillot qui entre précipitamment.) Oh !

CABILLOT.

Prenez donc garde !...

ROBINSON.

Faites donc attention !

CABILLOT.

Tiens ! c'est le shériff !...

ROBINSON.

L'accusé !

CABILLOT.

Moi !... allons donc !... je me suis blanchi...

ROBINSON.

Vraiment ?...

CABILLOT.

Complétement blanchi ! apprenez...

ROBINSON, l'interrompant.

Encore une histoire !... ah ! non, merci !... Je suis pressé... bonsoir !

Il sort.

CABILLOT, seul.

Eh bien ! il s'en va !... ça m'est égal... (Au public.) Ils m'ont acquitté... Je suis libre... le coroner, en voyant mes papiers bien en règle, s'est écrié : « Quel imbécile ! » — C'est du détective qu'il parlait. — Et il m'a relâché... Mais n'importe, toutes ces mésaventures m'ont écœuré... Le climat de l'Amérique ne m'a pas réussi, et je suis décidé à retourner sans retard dans ma belle patrie... Justement, voici Georgina...

SCÈNE VIII

CABILLOT, GEORGINA, puis VANDER-PAFF, puis CÉSARINE et PUPAZZI, puis VIRGINIE et BOURA-KHAN, OLYMPE, ROSETTE, et DES ÉTRANGERS.

GEORGINA.

Monsieur Cabillot... encore ici !... Qu'avez-vous donc fait de votre gouvernante ?

CABILLOT.

La vieille !... je l'ai lâchée... je suis libre...

GEORGINA, froidement.

Vrai ?... eh bien ! tant mieux !...

CABILLOT.

Georgina, faites vos apprêts... nous allons partir.

GEORGINA.

Partir ?

CABILLOT.

Oui, j'abrége mon séjour en Amérique... Nous retournons à Paris.

GEORGINA.

C'est-à-dire, vous retournez...

CABILLOT.

Sans vous ?... jamais !... je vous emmène.

GEORGINA.

Désolée, mon cher Cabillot, mais j'ai d'autres idées... j'ai trouvé un mari.

CABILLOT.

Un mari !

VANDER-PAFF, qui vient d'entrer, s'approchant.

Oui, oui !... un mari.... (A part.) d'occasion.

CABILLOT.

Le Flamand !... (Georgina prend le bras de Vander-Paff qui la mène à son comptoir.) Eh bien ! comptez donc sur le cœur d'une femme !... Après tout, Georgina, je ne tenais pas précisément à elle... Césarine est très-gentille, et ma foi...

CÉSARINE, rentrant avec Pupazzi, et bas.

Alors, c'est convenu, vous m'épouserez ?

PUPAZZI.

Plutôt deux fois qu'une ?

CABILLOT, apercevant Césarine et à part.

Ah ! c'est elle ! (Haut.) Césarine ?

CÉSARINE, s'approchant.

Quoi ?

CABILLOT.

Ma chère Césarine, je vous ai méconnue... mais, si vous voulez, c'est vous qui porterez le nom de Cabillot.

CÉSARINE,

Moi ?

CABILLOT.

Aujourd'hui même nous retournons en France.

CÉSARINE.

Ah! vous partez?... Bon voyage !

CABILLOT.

Comment?

CÉSARINE.

Je me plais ici et j'y reste.

Elle prend le bras de Pupazzi, et retourne prendre sa place au comptoir.

CABILLOT.

Ah bah ! elle aussi !... Par bonheur, il m'en reste encore trois, et dans le nombre... (Apercevant Virginie, Olympe et Rosette qui viennent de paraître au fond au bras de Boura-Khan et des deux autres étrangers.) Hein ! que vois-je !... les voilà toutes pourvues d'un amoureux !

VIRGINIE, vexée.

Bon voyage, monsieur Cabillot !

Elle va s'installer au comptoir.

TOUTES LES AUTRES, de même.

Bon voyage !...

CABILLOT.

Et voilà ce que vous êtes venues faire à Philadelphie... au lieu de fonder la Ruche parisienne !

VIRGINIE.

La Ruche parisienne... mais elle est fondée.

OLYMPE, désignant les étrangers.

Grâce à ces messieurs...

ROSETTE.

Nos adorateurs...

PALMYRE.

Nos généreux commanditaires.

GEORGINA, montrant l'inscription du fond.

La voilà !... les abeilles sont à leur poste.

CABILLOT.

On m'a filouté mon idée... et mes ouvrières !

SCÈNE IX

LES MÊMES, PIBROK, puis MISS CROKETT.

PIBROK, entré pendant les derniers mots.

C'est bien fait !...

CABILLOT.

Le détective !... Qu'est ce que vous dites ?

PIBROK.

Je dis : c'est bien fait !... Grâce à vous, me voilà dégommé... je vous croyais un filou, et vous êtes un honnête homme... Pas de chance !

CABILLOT.

Et moi donc !... Dévalisé de ma prétendue, de mes ouvrières... qu'est-ce qui me reste ?

MISS CROKETT, s'approchant.

Moâ !

CABILLOT.

Encore elle !

MISS CROKETT.

Tojors !... On avait reconnu votre innocence... voici ma main.

CABILLOT.

Je la passe !... Désolé de vous refuser, miss, mais je suis décidé à coiffer sainte Catherine.

MISS CROKETT.

Aoh !

CABILLOT.

Je pars pour Paris.

MISS CROKETT.

Pour Périss !... Eh bien ! je suivais vô.

CABILLOT.

Hein ?

MISS CROKETT.

Je étais amoureuse de vô... et je ne décourageais pas moâ.

TOUS, riant.

Ah ! ah ! ah !

CABILLOT, à part.

En voilà une teigne !

PIBROK.

Si, par hasard, mademoiselle avait besoin d'un secrétaire ?...

MISS CROKETT.

Nô !... mais je prenais vô comme domestique.

PIBROK, avec indignation.

Larbin !... moi !... (Changeant de ton.) J'accepte.

SCÈNE X

LES MÊMES, CARAMBA, PAQUITA, ROBINSON.

PAQUITA, une cravache à la main.

Marchez donc, demonio !

CARAMBA, très-doux.

Oui, bichette, oui !

CABILLOT.

Elle ramène l'ogre !

PAQUITA.

Ne craignez rien, il est dompté.

ROBINSON.

Complétement muselé.

PAQUITA.

J'ai les revolvers.

Elle les tire de sa poche et les montre.

PIBROK, bas à Paquita.

Ah ça ! qu'est-ce que vous lui avez donc fait boire?

PAQUITA.

Je l'ai menacé de le quitter ! Et puis, qu'on dise encore du mal du divorce ! (A Caramba.) Faites des excuses à monsieur Cabillot !

CARAMBA.

Oui, chère amie. (Tendant la main à Cabillot.) Jeune homme, sans rancune !... voulez-vous dîner avec nous ?

CABILLOT, à part, en regardant Paquita.

Très-belle femme, la Mexicaine ! (Haut à Caramba.) Avec plaisir... ce sera mon repas d'adieux !

Coup de canon dans l'éloignement.

TOUS.

Qu'est-ce donc ?

ROBINSON.

Le signal de la fête du centenaire.

Entrée d'Américains et d'Étrangers.

TOUS.

Hurrah !

CHŒUR FINAL.

Air : *de la Petite mariée.*

Célébrons, en ces lieux,
Ce jour si glorieux,
Et chantons, mes amis,
Gloire aux Etats-Unis !

FIN.

Imprimerie générale de Châtillon-sur-Seine, Jeanne Robert.

www.ingramcontent.com/pod-product-compliance
Ingram Content Group UK Ltd.
Pitfield, Milton Keynes, MK11 3LW, UK
UKHW021309190726
13839UKWH00007B/560